파워풀 대중 스피치

파워풀 대중 스피치

초판 1쇄 인쇄 2017년 11월 15일
초판 1쇄 발행 2017년 11월 21일

지은이 이상훈
펴낸이 이환호
펴낸곳 나무의꿈

등록번호 제 10 1812호
주 소 서울시 마포구 잔다리로 77 대장빌딩 402호
전 화 02)332-4037 팩 스 02)332-4031

ISBN 978-89-91168-52-7 03320

대중을 사로잡는 힘!!!

파워풀
대중 스피치

이상훈 지음

나무의 꿈

말을 잘하면 성공이 보인다

말을 잘하면 성공이 보인다!!! 어느덧 책을 낸지 9년이라는 세월이 흘렀다. 그동안 대학에서의 교육과 업무, 협회 활동, 학업 등 많은 변화들이 9년이라는 시간과 함께 하였다.

저자는 학부에서 스피치 커뮤니케이션을 전공하면서 스피치 커뮤니케이션의 다양한 영역의 교과목을 공부한 경험을 통해 스피치 커뮤니케이션의 영역별 책을 쓰고 싶은 마음으로 이번 책을 집필하게 되었다. 그 시작이 대중 스피치(Public Speaking)이다.

파워풀 대중 스피치는 대중 스피치 기본서로 스피치를 처음 접하는 사람들에게 기본을 충실히 할 수 있는 지침서로의 역할을 할 수 있도록 하는 것이 바람이다. 또한 현대인에게 필요한 다양한 상황에서의 스피치 기법을 이해하고, 효과적으로 스피치를 할 수 있는 방법을 제시하고 있다.

미국의 대학에서는 이미 오래전부터 스피치 학과를 개설해 연구함으로써 많은 전공자들을 배출하였다. 내가 공부한 국립 필리핀 대학교(University of the Philippines)의 스피치 커뮤니케이션학과도 수십 년의 전통을 가지고 있다. 또한 문법, 쓰기와 함께 모든 학생이 반드시 이수해야 하는 교양 필수과목이기도 하다.

대학에서는 교양과목으로 스피치 관련 과목을 개설하고 운영하고 있다. 4년제 대학교에서는 다양한 의사소통이나 토론의 과목을 개설하고 있으며, 2,3년제 대학교에서는 국가직무능력표준(National Competency Standards)의 활용화로 인해 교양과목으로 직업기초능력 과목을 채택하고 있어 의사소통이나 대인관계 등을 개설하고 있어, 학생들에게는 커뮤니케이션 즉, 소통을 이해하는데 많은 도움이 될 것이라 본다. 또한 대중을 상대로 한 다양한 스피치의 이해와 실전의 교과목을 제공한다면 학생들에 많은 도움이 되리라 생각해본다.

필자는 스피치 커뮤니케이션의 세분화 된 이론과 실기를 평가하여 자격을 인정할 수 있는 자격 시스템을 만드는 꿈을 갖고 있다. 이러한 자격은 개인의 대중 스피치 능력, 의사소통능력, 토론능력, 토의능력 등 다양한 능력체계를 검증하는 것이 될 것이다.

또한 스피치 커뮤니케이션을 강의 하시는 분들과 함께 스피치 커뮤니케이션 연구회를 만들어 스피치 커뮤니케이션의 체계적인 학습 방법을 연구하고 교육할 수 있도록 함께 하고자 한다.

우리들 각자에게 주어진 능력이 있다면 필자는 우연한 기회에 스피치 커뮤니케이션이란 학문을 접하고 현재까지 교육을 하게 된 인연이 잠재되어 있던 능력을 발현시킬 수 있는 기회가 되었다는 점이 아닌가 싶다. 무언가 공헌을 할 수 있는 삶을 산다는 것이 그리 쉽지는 않은 것 같다. 내가 가진 능력으로 열심히 연구하고 교육 할 수 있는 삶을 살아간다면, 의미 있는 삶을 살 수 있지 않을까 싶다.

이 책의 후속으로 스피치 커뮤니케이션 Volume II 대인간 커뮤니케이션(Interpersonal Communication); 의사소통능력과 대인관계 집필을 기약하며.

목차

6장 설득 스피치의 이해

1장
대중 스피치의 이해

1장 대중 스피치의 이해

1대 다수와의 상호작용

대중을 상대로 한 대중 스피치는 1대 다수의 소통으로 사람들에게 자신의 생각, 신념, 감정, 정보, 등을 전달하거나 설득을 하는 것이라고 할 수 있다.

커뮤니케이션은 의사소통 또는 소통의 의미를 지니고 있으며, 우리는 다양한 상황에서 다양한 사람들과 소통을 하고 있다. 또한 1인 이상의 개인 간 대화나 회의, 토론, 프레젠테이션, 세미나, 컨퍼런스 및 대중을 상대로 한 연설 등 다양한 형태로 소통을 한다. 그 중에서 대중을 상대로 한 대중 스피치는 1대 다수의 소통으로 사람들에게 자신의 생각, 신념, 감정, 정보, 등을 전달하거나 설득을 하는 것이라고 할 수 있다.

1. 우리 삶에서 일부가 된 대중 스피치

대중 스피치 또는 다수를 상대로 한 스피치는 과거 대중연설로 생각을 할 수 있지만 현대 사회에서는 개인의 직무와 관련되어 스피치를 하는 경우나 단체 활동, 모임 등 다양한 상황에서 공적 또는 사적으로 다수의 대중을 상대로 소통을 해야 하는 상황들이 많아졌다. 이러한 소통을 위한 스피치의 전달은 타인과의 소통을 위한 하나의 도구라고 할 수 있다. 또한 우리의 생각과 이념, 감정을 가장 잘 전달하고 표현할 수 있는 언어적 및 비언어적 도구라고 할 수 있다.

어두운 밤길, 산속, 폭력적 행동은 우리를 공포에 떨게 한다. 컴퓨터 게임, 놀이기구, 노래자랑 등은 우리를 즐겁게 하고 웃음을 준다. 우리가 사용하는 말 또한 우리를 울리고 웃게 할 수 있는 큰 무기이고, 도구라고 할 수 있으며 얼마나 잘 사용을 하느냐에 따라 성공 할 수 있는 큰 재산이 될 수 있다. 이렇듯 우리의 삶에서 커뮤니케이션은 상호간의 원활한 소통을 위해 없어서는 안될 중요한 부분을 차지하고 있으며, 대중을 상대로 한 스피치는 다수의 사람들에게 자신이 전달하고자 하는 생각, 신념, 정보, 감정 등을 전달하는 아주 중요한 한 소통의 도구이며, 대인간 소통 및 대중을 상대로 소통은 성공하는 사람들과 함께 하는 벗과 같은 존재라고 할 수 있다.

타인과의 대화는 우리의 삶에 너무나 자연스러운 것으로 일상적인 대화에서나 회식자리, 모임의 자리에서 이야기를 하고 즐거워하는 아주 기본적인 일상의 한 부분이라고 할 수 있다. 하지만 공식적인 자리에서 다수의 사람들에게 자신의 생각이나 정보를 전달하기란 그리 쉽지 않다. 대중을 상대로 한 스피치는 무대 공포나 불안감을 느끼게 할 수 있어 자신이 전달하고자 하는 정보나 생각을 논리적으로 전달하기 어렵게 하지만, 대중을 상대로 멋지게 스피치를 하는 사람들은 대중들로 하여금 리더십이나 좋은 호감을 느끼게 할 수 있다.

2. 대중 스피치를 잘 하려면

대중 스피치는 기본을 알면 말의 능력이 향상될 수 있다는 것을 인식하지 못한 채, 자신의 습관과 자연스럽게 얻어지는 언어 스타일에 따라 말을 하는 자신만의 스타일이 자리 잡게 된다. 그럼 말을 잘 하려면 우리가 기본적으로 해야 할 일이 무엇일까? 나는 강의를 할 때 항상 강조하는 것이 있다. 바로 음성전달과 스피치의 구성이다. 이것이 스피치를 잘 하기 위한 기본이라고 생각한다. 그 외의 시각적 도구를 사용 한다던가 자신감을 키운다던가하는 것은 추후의 일이며, 기본이 잘된 사람들이라면 쉽게 습득할 수 있는 것이다. 하지만 이러한 기본을 무시하기 때문에 우리는 실력향상이 안 되는 것이며, 기본만 충실히 연습한다면 지금 보다 더 발전된 모습으로 다시 태어날 수 있다는 것을 알아야 한다. 여기에 유머, 재치, 감동 등의 스피치는 관심을 가지고 생각하고, 연습하고 실행하면서 얻어지는 결과물로 볼 수 있다.

스피치를 할 때 자신 스스로가 프로라는 생각으로 대중에게 멋지게 이야기를 할 수 있도록 하는 것이 중요하다. 자신이 어떻게 이야기 하겠다고 생각했으면 연습하고 실행을 통해 성공을 이루어야 한다. 또한 자신이 하고 있는 이야기를 들을 수 있어야 한다. 이것은 자신의 음성전달이나 생각이 잘 전달되고 있는가를 확인하는 것이다. 물론 청중이나 상대방의 피드백을 보며 자신의 스피치 흐름을 알 수도 있겠지만 스스로 자신의 소리를 듣는 연습을 통해 자신의 언어 스타일과 생각의 전달을 연습하는 것이 중요하다. 말을 잘 하면 성공이 보인다.

성공은 높은 지위나 돈을 많이 버는 것만이 아닐 것이다. 하지만 그 어떤 성공이라 할지라도 말을 잘하면 성공에 다가 서기가 쉬워진다. 말을 잘 한다는 것은 인간관계를 원만히 할 수 있다는 것이며, 상대를 배려 할 수 있으며, 정보 전달을 올바르게 할 수 있다는 것이며, 설득을 할 수 있다는 것이며, 동기부여를 할 수 있다는 것이다. 이렇게 말을 잘한다는 것은 자신의 성공 가능성을 높여주는 도구인 것이다. 누구나 성공을 할 수는 없겠지만 성공을 볼 수 있는 지혜가 생기면 더 많은 사람들이 성공을 하지 않을까 한다. 성공을 보기 위해 우리가 갖추어야 할 것 들이 있다. 바로 말을 잘 하기 위한 기본이다.

성공을 위한 스피치의 기본 다지기

상대의 귀를 열게 하는 방법은 여러 가지가 있지만 그 중 듣기 좋은 음성으로 전달을 하는 것은 효과적으로 스피치를 전달하기 위한 아주 중요한 요소 중의 하나이다.

말을 잘 한다는 것은 쉬운 일이 아니다. 하지만 많은 사람들은 스피치의 어려움을 잘 모르는 것 같다. 스피치를 학문이 아닌 단순히 말을 잘 할 수 있는 방법적인 수단으로만 생각하고 쉽게 생각할 수 도 있을 것이다. 하지만 수업에 들어와서 말을 잘 한다는 것이 그리 쉽지 만은 않다는 것을 알게 된다. 말을 잘 하기 위해서는 영어, 수학과 같이 기본에 충실해야 한다. 기본에 충실한 사람들은 어떤 상황에서든지 자신의 생각과 표현을 잘 전달 할 수 있다.

스피치 강좌가 개강을 하면 항상 자기소개를 하면서 수업을 시작한다. 항상 느끼는 것이지만, 스피치 수업에 참여하시는 분들을 보면 모두 말씀들을 잘 하는 것 같다. 단지 사람들 앞에만 서면 불안해 지는 것이 문제이다. 이렇게 이야기 하는 것은 단순히 말을 하는 차원에서의 이야기이다. 말을 잘 한다는 것은 이미 언급한 것 같이 음성의 전달, 자신의 생각을 올바르게 구성하여 전달하고, 자신이 이야기 하고자 하는 목적을 달성하는 것이 중요하다. 이렇게 하기 위해 자신의 생각과 감정을 전달하기 위한 음성 전달의 활용과 올바른 구성을 할 수 있도록 기본을 다지고 연습을 통해 성공을 거두는 것이 중요하다.

1. 듣기 좋은 말은 귀를 열고 마음을 열게 한다

소리에 귀를 기울이는 이유가 무엇일까. 그냥 소리가 나니까? 귀를 기울인다는 것은 내가 그 소리를 듣기 위해 신경을 써서 들으려고 한다는 것이다. 이것은 단순히 소리를 듣는 것과는 다른 것이다. 음악을 들을 때도, 대화를 할 때도 자신이 듣고자 하는 것에 귀를 기울이게 된다. 단순히 흘러가는 음악이나 대화가 아니다. 그렇다면, 듣고자 하는 것에 귀를 기울인다는 것은 무엇일까? 바로 자신이 좋아하는 노래의 가사나 관심을 가지게 하는 이야기를 집중해서 듣고자 하는 것을 말 한다. 하지만 이게 다는 아니다. 대부분 음악을 들을 때 가사 보다는 곡에서 주는 이미지가 더 많이 작용하며, 대화에서도 듣기 좋은 음성의 전달이 귀를 열게 하며, 대화의 내용에 귀를 기울이게 하는 것이다.

듣기 좋은 음성의 전달은 상대의 귀를 열고, 마음을 열게 할 수 있다. 이것은 자신이 말하고자 하는 것의 표현이며, 감정의 전달이기 때문이다. 경상도 사나이는 무뚝뚝하다. 하지만 대부분의 경상도 사람들은 마음은 그렇지 않은데 겉으로는 무뚝뚝하며 차가워 보이는 것이라고 한다. 이것은 자신의 감정의 표현이 제대로 전달되지 않는다는 것이다. 여기에는 경상도 특유의 강한 억양이 한 몫을 하고 있을 수 도 있다.

이제는 보편적인 이야기라 의례 그러려니 할 수 도 있다. 하지만 표현과 감정의 전달은 커뮤니케이션을 하기 위해서 매우 중요하게 생각해야 할 부분이라는 것이다. 말의 내용에 소리가 더해져 자신의 감정을 표현하며 상대에게 알려주는 것이다. 거친 소리로 "사랑해"라고 아무리 말을 한들 부드럽고 감미롭게 말하는 "사랑해"라는 소리에 비하겠는가.

사실 필자는 뚜렷하게 가지고 있는 취미 생활이 없었다. 그래도 유학을 갔을 때 영화를 보는 것은 가장 즐기던 취미 생활이었으며 현재도 영화보기를 즐기고 있다. 영화를 보면 영어가 너무 듣기 좋았던 것 같다. 특히 음성 전달은 나비가 날아오는 것 같이 위 아래로 살랑 살랑 나에게 오는 느낌이었다. '참 듣기 좋다'라는 생각을 했었다. 중국영화도 마찬가지로 음성의 전달이 멋지게 들리는 것 같다. 그에 비해 한국어는 강하다는 느낌이 많이 들었다. 하지만 스피치를 공부하면서, 특히 강의를 하면서는 한국어도 음성의 흐름을 잘 만들어 내면 정말 멋있는 음성

전달이 된다는 것을 알게 되었다. 음성의 빠르기, 멈춤, 강, 약, 고, 저. 여기에 음성의 흐름을 활용한다면 한국어도 듣기 좋고 멋진 소리로 전달되어 진다는 것이다. 상대의 귀를 열게 하는 방법은 여러 가지가 있지만 그 중 듣기 좋은 음성으로 전달을 하는 것은 효과적으로 스피치를 전달하기 위한 아주 중요한 요소 중의 하나이다.

2. 길을 모르면 헤매는 건 당연하다

누구나 길을 잃고 헤매 보지 않은 사람은 없을 것이다. 필자는 어두운 산길로 잘 못 들어가 같은 길을 빙빙 돈 적이 있다. 어두운 곳이라 무섭기도 하고 긴장을 해서 인지 나 자신도 모르게 같은 장소를 돌았던 것 같다. 때로는 다니던 길도 헤매거나 전에 갔었던 길도 헤매는 길치도 있고 한 번 가본 곳은 절대 잊지 않는 사람도 있을 것이다. 하지만 그렇게 자신만만하게 말하는 사람도 실수를 해서 길을 잃고 헤매는 경우도 있다. 필자는 어려서 친척집에 한 번 가면 절대 잊지 않고 찾아 갈 수 있었다. 절대라는 표현이 과장일 수 도 있겠지만 길을 잘 찾아 다녔다. 하지만 어느 순간부터 길치가 되어가는 것이었다. 지금도 집 사람에게 많이 혼이 나며 살고 있다.

필자가 왜 길에 스피치의 구성을 비교하고 있을까? 우리는 매일 말을 하고 있다. 우리는 매일 길을 걷고 어디론가 가고 있다. 이렇게 매일 하는 일도 잘 모르면 헤맬 수 있으며, 잘 알면 쉬워지고, 편해진다. 누구나 말은 잘한다. 그런데 왜 나 같은 스피치를 강의하는 사람에게 올까? 우선 대부분 자신이 어떤 말을 시작해서 어떻게 해야 할 지를 잘 모르고 있기 때문이다. 처음 시작되어지는 말부터 막혀 버리면 긴장하여 더욱 말이 잘 안 나오게 되며, 했던 말을 반복적으로 하거나 이미 했어야 하는 이야기가 갑자기 생각이 나서 하던 이야기에서 벗어나 다시 전에 이야기 했던 것에 추가 하는 경우도 있다. 또한 이야기를 하는 도중 전에 이야기하지 못한 내용이 생각나면 이야기하고 또 생각나면 이야기하는 식으로 끝을 모르고 계속 이야기하는 경우도 있다. 이렇게 다양한 경우가 있는데 대부분 자신이 이야기 하고자 하는 목적에 필요한 이야기의 내용을 구체적으로 정리해 주지 못해서 문제가 되고 있다.

요즘은 내비게이션이 있어 목적지를 정해주면 알아서 길을 선택해 준다. 내비게이션이 없을 때는 어떻게 가는 것이 빠를까, 어디로 가야할 까 등 많은 생각을 하게 된다. 그래서 우리는 내비게이션이 없을 때보다 있을 때 목적지를 정확하고 명쾌하게 갈 수 있는 것이다. 하지만 자신이 가는 목적지를 어떻게 가야 하는가를 모르면 헤매게 된다. 아니, 헤맬 수밖에 없다. 어느 길은 좌회전이 계속 안 되는 곳도 있고, 길을 잘 못 들어서면 한참을 가서 다시 돌아와야 하는 경우도 있다. 그렇게 되면 스트레스가 쌓이고, 긴장되게 된다. 이런 경우들을 우리는 살아가면서 경험이라는 것으로 줄여나가는 것이다. 어떻게 목적지를 가는 코스를 정하는가는 경험이 많은 사람과 경험이 적은 사람의 큰 차이라고 할 수 있다.

스피치도 마찬가지이다. 누구나 말은 하지만 목적지의 코스를 정하여 가는 경험을 해보지 못한 사람은 헤매게 되고 코스를 정하여 가는 경험을 해본 사람은 덜 헤매게 되는 것이다. 이렇게 스피치의 구성은 길을 만드는 것이다. 구성은 자신의 이야기가 가야 할 방향을 잡아 주어 목적지에 안전하게 갈 수 있도록 해주는 것이다. 목적지를 알고 정확하게 길잡이를 해줄 수 있도록 하는 것이 불안감을 줄이고 자신이 가야 할 길을 자신 있게 갈 수 있도록 해주는 것이다. 길을 모르면 헤매는 것은 당연하다.

화자의 기본 역량

스피치는 항상 청중이 중심이며 그들을 올바르게 안내하는 것 청중들에게 이익이 될 수 있는 동기를 부여하는 것이 매우 중요하다.

1. 청중이 가지고 있는 다양성

대중을 상대로 스피치를 하는 사람들이 가장 중요하게 생각해야 할 것이 바로 청중들의 다양성과 의견들을 존중하는 것이다. 청중은 커뮤니케이션의 진행과정에서 같은 참여자로 간주되어지며, 청중이 없다면 화자도 없다는 것을 깨달아야 할 것이다. 스피치를 계획하기 전에, 주제에 대한 청중들의 지식을 분석해야하며, 그들의 믿음과 가치, 문화적 배경 그리고 연령과 성별을 분석해야한다. 화자는 이들의 정보를 바탕으로 주제의 선택뿐만 아니라 계획, 언어의 방식, 실례, 가능한 영향력을 줄 수 있는 모든 것을 보조 증거물로 구성하는 지표로 삼는 것이다.

자신이 준비한 자료와 실례는 청중이 남성이나 여성에 구별 없이 똑같이 도움이 되는 내용이거나, 청중이 원하는 내용, 교훈적이고 유쾌한 내용인가에 신경을 써야한다. 중요한 것은 화자는 성공적인 스피치를 준비하는 것도 중요하지만 윤리적이고, 청중을 이해하고 배려하는 스피치를 통해서 얼마나 청중들을 알고 존중하며 스피치를 준비해야 하는가를 아는 것이다. 이러한 청중의 이해와 배려에 따른 존중은 정보나 설득 스피치를 하기 위한 준비에 도움이 된다.

2. 경청에 관한 이해도를 높이기

아무리 스피치를 돋보이게 한다고 해도 청중들이 경청을 하지 않는 다면 성공한 스피치라고 할 수 없을 것이다. 화자의 기술적인 도움 없는, 전형적으로 청중들은 스피치의 10-20퍼센트만을 기억한다고 한다. 청중들에게 경청을 할 수 있는 다양한 방법을 활용하기 위해서 경청이 이루어지는 5단계를 잘 이해하는 것이 중요하다. 경청의 5단계로는 감각적 단계, 해석의 단계, 평가의 단계, 응답의 단계, 기억의 단계가 있다. 이러한 단계로 청중은 경청을 하고 이해하고 기억하게 되는데, 보다 효과적인 스피치를 하기 위해서 정중이 단계별로 경청을 할 수 있도록 스피지를 구성 하는 것이 좋다.

3. 이해와 회상을 증대하기 위한 신중한 구성

스피치를 힘들어 하는 사람들의 대부분은 스피치의 불안감을 가지고 있거나, 자신이 하고자 하는 이야기를 두서없이 이야기를 하게 되어 스피치를 하고도 어떤 말을 어떻게 했는지 모르고 머리가 하얗게 된다는 것이다. 구성의 중요성은 이야기를 듣는 청중의 이해도를 높이는 것이다. 이것은 단지 전달하고자 하는 내용을 이해하는 것만이 아니고 이해를 통한 올바른 소통에도 도움을 준다.

효과적으로 잘 구성된 발표를 보면, 생각으로부터 생각에 이르기까지, 중요 요점에서 다음 요점까지의 원활한 흐름이 있다. 이러한 스피치는 기승전결 또는 서론, 본론, 결론의 순서에 맞게 잘 정리되어 청중의 이해와 기억에 효과적으로 도움을 준다.

4. 효과적인 언어사용

효과적인 언어의 사용은 매우 중요하며, 스피치를 준비하기 위한 청중의 분석에서 언어를 효과적으로 사용하기 위한 전략을 세우게 된다. 이는 청중들의 지식수준을 감안하여 언어를 사용하여야 하며, 전문적인 용어나 약자를 사용하는 경우에도 주제에 대한 청중들의 지식수준에 따라 사용하게 된다. 약자를 사용할 경우는 간단히 의미를 설명해 주는 것이 좋다. 예를 들어, LSAT은 Law School Admission Test의 약자이며, TESOL은 Teaching English to Speakers of Other Language의 약자이며, SMAT은 Service Management Ability Test의 약자로 서비스경영자격시험이란 것을 이야기 해주듯이 간단하게 설명을 해주는 것이다. 요즘은 인스타 그램이나 트위터에서 영어 약자를 많이 사용하는 것을 볼 수 있다. 예를 들어, OOTD는 Outfit of the day의 약자로, Selfie는 self pic 의 약자로 우리가 흔히 말하는 셀카의 의미로 쓰인다. 그렇다고 너무 어려운 언어의 선택은 역효과를 부를 수 있으니 신중한 청중의 분석이 필요할 것이다.

5. 자연스럽고 열광적인 음성

많은 사람들이 대중을 상대로 스피치를 하게 될 경우 원고를 보고 읽는 낭독의 형식으로 스피치를 하는 경우가 많이 있다. 이러한 낭독 스피치는 전달하는 과정에서 자연스럽지 않은 소리로 전달되거나 청중과의 상호간 소통에 있어서 감정의 전달이 잘 되질 않는 것이 사실이다.

스피치의 전달은 자신의 생각과 감정이 잘 전달되어야 한다는 것이다. 그래서 자연스럽고 열정적인 음성의 전달이 청중에게 감동을 주는 것이다. 스피치를 강의하는 많은 강사들은 친구들과 함께 좋아하는 과목을 토의할 때 같이 자연스럽고 열정적으로 이야기 하듯이 강의를 하거나 목소리를 꾸미려하지 말고 평소에 대화 하듯이 기본적인 음성으로 이야기를 하라고 가르친다. 하지만 실전에서 효과적으로 음성의 전달을 하기 위해서는 올바른 스피치를 전달하기 위한 음성의 활용을 이해하고 자신이 표현하고자 하는 감정을 청중이 느낄 수 있도록 전달하려는 노력과 연습을 한다면 더 효과적으로 스피치를 전달 할 수 있다.

6. 질적인 시각적 도구의 사용

시대가 변화할수록 청중을 대상으로 한 스피치는 단순히 화자가 말을 하는 것이 아니라 자신의 목적을 이루기 위한 다양한 시각적 도구를 활용함으로써 스피치의 효과를 높이고 있다. 시각적 도구는 화자의 생각을 빨리 이해시키고, 기억을 하는데 더 많은 도움을 준다. 또한 화자의 믿음에 도움을 주고, 스피치를 하는 동안 화자를 보다 편하게 해준다. 훌륭한 화자는 음성적 부분과 마찬가지로 시각적 도구에도 같은 비중의 중요성을 가지고 자신의 목적을 달성하기 위한 스피치를 효과적으로 준비하고 진행한다.

7. 윤리적 기준의 스피치

스피치의 기본은 정보전달과 설득이다. 말을 잘해서 사기꾼이 되느냐, 훌륭한 화술가가 되느냐 하는 문제가 아닌가 싶다. 그러므로 청중의 손해를 주는 행위나 권리를 악화시키고 손상시키는 행위를 기본으로 삼는다면 윤리적이고 도덕적인 기준은 어느 정도는 쉽게 구별을 지울 수 있으리라 본다. 스피치는 항상 청중이 중심이며 그들을 올바르게 안내하는 것, 청중들에게 이익이 될 수 있는 동기를 부여하는 것이 매우 중요하다.

스피치가 영향을 받을 때

외부로부터 영향을 적게 받을 때는 자신의 스피치에 대한 생각을 정리하는 시간일 것이고 외부로부터 영향을 받을 때는 자신이 대중을 상대로 스피치를 하기 위해 자리에서 일어나는 순간부터 청중으로부터 직접적으로 받게 되는 시선에서 오는 불안감이나 청중에 대한 의식일 것이다.

스피치의 시작은 언제부터일까? 스피치의 시작은 대중을 상대로 자신이 무엇을 이야기 할 것인가를 생각하는 순간일 것이다. 스피치의 시작을 크게 둘로 나누어 보고자 한다. 첫째, 간접적으로 외부의 영향을 받을 때이다. 둘째, 직접적으로 외부의 영향을 받을 때 이다. 외부로부터 영향을 적게 받을 때는 자신의 스피치에 대한 생각을 정리하는 시간일 것이고 외부로부터 영향을 받을 때는 자신이 대중을 상대로 스피치를 하기 위해 자리에서 일어나는 순간, 청중으로부터 직접적으로 받게 되는 시선에서 오는 불안감이나 청중에 대한 의식일 것이다.

1. 직접적으로 영향을 받을 때

스피치를 준비할 때 대부분 많은 스트레스를 받는다. 하지만 이러한 영향이 현재 보이지 않는 청중 때문에 불안감을 느끼기보다는 그러한 자리에 서서 스피치를 해야 하는 부담감과 준비를 하는 과정이 어렵게 느껴지게 되고 꼭 성공해야한다는 생각에서 오는 압박감의 경우가 많이 있다.

스피치를 해야 하는 상황에서 간접적으로 영향을 받게 되는 부분들을 이해하는 것이 중요하며, 간접적인 영향에 따른 부담감이나 두려움을 줄이고 자신의 스피치 능력을 향상시키기 위해서 준비와 활용을 할 수 있는 능력을 키우는 것이 중요하다.

2. 직접적으로 영향을 받을 때

대중을 상대로 스피치를 하기 위해 자신의 자리에서 일어나는 순간 청중의 시선을 느끼게 될 것이며, 청중의 앞을 걸어가는 모습이 청중에게 어떻게 보일까 하는 생각에 대부분 불안감이나 떨림을 느낄 것이다. 물론 대중의 시선에 별로 신경을 안 쓰거나 불안감을 느끼지 않는 사람도 있을 것이다. 하지만 청중들이 자신을 어떻게 생각할까 내 모습은 어떨까라는 생각을 하게 된다면 아무리 전문가라 하더라도 약간의 긴장을 하지 않을까 싶다.

이렇게 우리는 청중의 시선으로부터 1차적인 영향을 받게 된다.

연단이나 대중 앞에 서서 스피치를 하는 순간 화자의 목소리 즉, 음성적인 부분인 청각으로부터 2차적인 영향을 받게 된다. 다음은 스피치의 내용이다. 3차적인 영향으로는 자신이 준비한 내용이 청중들로 하여금 어떠한 반응으로 나타나는가에 대한 것이다.

듣는 것이 보는 것보다 빠르다

눈이 귀보다 빠르다는 것은 누구나 알 것이다. 믿음이나 신뢰 또한 보여 지는 것에 많이 의존하게 된다. 특히 사람들 마다 가지고 있는 선입견은 상대를 왜곡할 수 있게 할 수도 있다.

눈이 귀보다 빠르다는 것은 누구나 알 것이다. 믿음이나 신뢰 또한 보여 지는 것에 많이 의존하게 된다. 특히 사람들 마다 가지고 있는 선입견은 상대를 왜곡할 수 있게 할 수도 있다. 연단 또는 사람들 앞에 나와서 이야기를 할 때 신경 써야 하는 것은 자세, 복장, 움직임, 제스처, 포즈이다. 이것들은 자신을 멋지게 보여 질 수 있게 하고 믿음이 가게 해 주는 역할을 하게 된다. 이번 장에서는 낭독을 할 때의 기본자세와 인사 하는 법, 그리고 이미지에 관해서 이야기 해보겠다.

1. 기본자세와 낭독

많은 사람들이 아직 낭독을 할 때 자세가 불안정하고 자신이 가지고 있는 원고를 보는데 급급해 한다. 스피치에서 중요한 것은 시선처리다. 이것은 화자와 청중이 원활하게 소통할 수 있도록 도움을 주게 된다.

처음 스피치 수업을 듣는 분들의 대부분은 기본자세가 좋지 않다. 삐딱하게 서있거나 배를 앞으로 내밀고 중심을 뒤로 두어 구부정한 자세가 나오는 경우가 많다. 스피치는 말을 하기 전에 보여 지는 모습부터 사람들에게 평가되어진다. 이것은 사람들 스스로 가지고 있는 선입견에 의해 좋지 않은 모습으로 보여 질 수 도 있다는 걸 잊지 말아야 한다.

말을 시작하기 전에 자세를 올바르게 하는 것도 사람들에게 좋은 인상을 주기 때문에 효과적으로 스피치를 시작하는데 도움이 되며, 스피치를 할 때도 사람들의 시선을 방해하는 자세나 포즈를 없애주는 것이 좋은 이미지를 만들 수 있는 것이다.

스피치를 전달하는 방법은 크게 3가지로 분류할 수 있다. 첫째, 암기이다. 둘째는 낭독이고 셋째는 즉흥이다. 즉흥은 다시 완전 즉흥과 불안전 즉흥으로 나누어진다. 암기나 즉흥 스피치는 청중과의 소통에 있어서 낭독 스피치 보다는 원활하게 시선 처리를 할 수 있지만 낭독은 다른 스피치 전달 방법에 비해 시선처리가 잘 되지 않는다. 하지만 낭독 또한 연습을 통해 습관화 시켜 주면 아주 편안한 스피치를 할 수 있다.

대부분 앞에 나가면 자세가 좋지 않다. 그 이유는 발을 팔자로 하고 서 있거나 한 쪽 발에 의지해서 삐딱하게 서있기 때문에 자세도 좋지 않을뿐더러 몸이 많이 흔들거리게 된다. 발을 팔자로 하고 서게 되면 몸의 중심이 뒤로 가게 되어 몸이 좌, 우로 흔들리게 된다. 이 때 흔들리지 않게 하기 위해 배를 앞으로 내밀고 등을 구부정하게 서게 된다.

우선 스피치를 할 때 자세를 보면, 다리를 어깨 보다 약간 적게 벌리고 선다. 어느 정도를 벌려야 할지 감이 오지 않는다면 자신의 주먹을 무릎사이에 끼고 나리가 벌어진 만큼을 기준으로 벌려주면 된다. 다리를 벌린 후 왼발을 앞으로 내밀어 준다. 이때 약 자신의 왼발의 3분의 1정도를 내밀어 주고 몸을 곧게 하여 몸의 중심을 왼발에 두게 되면 몸의 흔들림을 잡아 줄 수 있다. 이렇게 자세를 잡은 후 자신이 낭독 하고자 하는 원고를 두 손으로 잡고 어깨에서 약간 밑으로 둔다.

보통 강연 대에 원고를 놓고 스피치를 하기 때문에 이렇게 두 손으로 잡고 낭독을 할 일은 별로 없지만 기본자세를 연습하기에는 좋은 방법이다. 원고를 어깨에서 약간 밑으로 두는 것은 시선처리를 하기 위해서 인데, 어깨보다 위로 올리게 되면 낭독을 하는 사람은 청중이 보이지만 청중은 스피치를 하는 사람의 얼굴이 다 보이지 않게 된다. 원고를 어깨에서 많이 내리면 자신의 머리가 많이 숙여지기 때문에 보기에 좋지 않다.

올바른 자세로 스피치를 할 수 있도록 거울을 보면서 연습을 하거나 촬영을 하여 자신의 자세를 확인하고 교정해 보는 것이 필요할 것이다. 멋진 말을 하기 전에 멋진 모습을 보여주어야 한다는 사실을 잊지 말고 항상 자세와 시선처리에 신경을 쓸 수 있도록 노력하라.

2. 인사

인사라는 것이 무엇일까? 인사는 상대에 대한 예의의 표시이자 반가움에 표현, 그리고 안부를 묻는 하나의 방법이다. 인사를 하는 방법엔 여러 가지가 있다. 말로써만 "안녕하세요?" 라고 하던지, 목례를 하고 안녕하세요? 라고 인사를 하던지, 안녕하세요? 라고 한 후 목례를 할 수 도 있을 것이다. 그리고 악수를 하면서 인사를 하는 경우도 많다.

그렇다면 대중을 상대로 스피치를 시작하기 전에는 어떻게 인사를 하는 것이 좋을까. 굳이 연단 아니더라도 대부분은 앞으로 나가서 목례와 인사를 동시에 하는 경우가 많다. 하지만 인사는 상대를 보면서 하는 것이 예의이다.

외국에서 스피치 교육을 받은 필자는 처음 스피치 강의를 시작할 때 인사에 대한 부분이 무척이나 어색하다는 것을 실감했다. 하지만 중요한 것은 어떤 것이 우선순위냐가 아니라 어떻게 해야 스피치의 흐름을 원활하게 하느냐가 아니겠는가. 그래서 수강생들에게 되도록 앞에 나와서 목례를 한 다음 사람들을 보면서 "안녕하십니까?"라고 인사를 하는 것을 권한다. 스피치가 끝났을 때는 반대로 "감사합니다."라고 인사를 하고 목례를 하라고 권했다.

우리나라에서는 예의상 목례를 하지만 외국의 경우 목례를 하지 않고 인사와 동시에 곧바로 스피치를 한다. 그렇게 인사에서 스피치를 시작하고 스피치를 끝맺을 때까지의 흐름을 잘 유지하는 것이 좋다.

상대를 보면서, 눈을 맞추며 인사하라. 목례를 할 때 청중이 박수를 치는 경우가 있는데, 이때 박수가 끝날 때까지 기다렸다가 인사를 하는 배려가 필요하다. 박수 소리에 자신의 인사말이 묻히는 것보다 박수가 끝난 후 인사를 하면서 스피치를 시작하는 여유를 가지길 바란다.

3. 나와 이미지

스피치는 '말을 하는 것'이다. 그래서 말을 하는 자신의 이미지가 그대로 묻어 나오는 것이다. 때문에 자신의 좋은 이미지를 만드는 것 또한 스피치에서는 매우 중요한 요소라고 할 수 있다.

스피치에서의 이미지는 말을 할 때 나타나는 내면의 이미지와 외형의 이미지로 나타난다. 우리는 일반적으로 상대가 말하는 스타일을 통해 상대방의 성격이나 성질을 파악할 수 있다. 하지만 고품격 스피치에서는 자신의 원래 이미지와는 상관없이 이미지를 연출할 수 있다. 내면의 이미지는 대부분 자신의 성격에 따라 음성의 빠르기나 감정의 표현이 달라진다. 다정다감하게 이야기하는 사람, 예의 바르게 이야기하는 사람, 성격이 급해서 빨리 이야기하는 사람, 표현이 거친 사람 등 개인마다 각각 서로 다른 이미지를 가지고 있지만, 사람들에게 호감을 얻을 수 있는 이미지를 만들어가는 것이 중요하다.

상대에게 호감을 얻는다는 것은 자신의 좋은 이미지를 심어 주는 것이며, 지속적인 관계를 유지하기 위해 필요한 매우 중요한 요건 이라는 것이다.

외형적 이미지도 마찬가지다. 상황에 따라 옷을 입는 것, 자신에게 맞는 색을 선택하는 센스, 머리 스타일 등 전체적인 자신의 이미지를 만들어 낼 수 있어야 한다. 요즘은 개성이 강한 시대이다. 자신에게 편하고 멋지게 생각 되면 그것이 자신의 스타일이 되는 시대이다. 하지만 나이가 먹으면 먹을수록 개성보다는 자신의 직업이나 직위에 걸 맞는 이미지를 연출할 수 있어야 한다.

개성에 따른 자신만의 이미지만큼 남들이 어떻게 보느냐 하는 것도 중요하다는 것을 잊지 말아야 할 것이 다. 매너란 서로에게 좋은 이미지를 주기위해 존재하는 행동 양식이다. 그래서 좋은 이미지를 가진 사람은 곧 매너 좋은 사람이라는 등식이 성립되는 것이다.

혹자는 이렇게 말한다.

"왜 다른 사람을 위해 살아야 해. 나만 좋으면 그만이지." 하지만 세상은 자신 혼자 살아가는 것이 아니다. 좋은 이미지는 인간 관계에서 없어서는 안 될 중요한 요소라는 것을 잊지 말자.

대중연설의 진행과정

좋은 스피치를 준비하기 위해서는 청중이 필요로 하는 것을 찾아 그에 대한 배경 또는 문맥들을 정리 하는 것이 요구되며, 이를 바탕으로 자신의 경험과 지식을 올바르게 구성하는 것이 필요하다.

사람들은 이미 얻어진 광범위한 지식이나, 생각, 의견, 가치기준, 감정에 의해서 스피치를 시작할 수 있는 발판을 만들어 놓는다. 개인의 삶에서 얻어진 경험의 결과들은 스피치를 계획하고 준비하는데 유용하게 사용할 수 있다.

한명 또는 두 명의 친한 사람과의 대화나 사업적인 업무에 따른, 또는 15명에서 20명 정도의 소그룹, 또는 100명 이상의 대중을 상대로 한 행사나 세미나, 발표회 등의 상황에서 좋은 스피치를 준비하기 위해 청중이 필요로 하는 것을 찾아 그에 대한 배경 또는 문맥들을 정리 하는 것이 요구되며, 이를 바탕으로 자신의 경험과 지식을 올바르게 구성하는 것이 필요하다.

1. 청중의 분석

적을 알고 나를 알면 백전백승이라고 하였다. 더 많이 청중을 알게 된다면 그들과 관련된 더 나은 주제와 내용을 준비해서 다가 설수 있을 것이다. 청중들의 수는 얼마나 되는가? 여성과 남성의 수는 얼마나 되는가? 외국인이 있는가? 또는 어떤 민족인가? 연령층은 어떠한가? 어떤 직업을 가지고 있는가? 청중들의 믿음, 가치, 흥미는 어떠한가? 등을 알고 있다면 청중을 시로잡을 수 있는 첫 번째 기회를 잡은 것이며, 이 정보들을 토대로 다음 단계의 준비를 해야 한다.

2. 주제, 정확한 목적, 주된 요인을 결정

주최 측으로부터 스피치의 주제를 이미 부여받은 경우도 있겠지만 일반적인 형태의 스피치를 요구받은 경우는 화자의 의지대로 하는 것이 일반적이며, 축사, 격려사, 환영사, 취임사, 추천사 등 대중을 상대로 한 상황에 따른 스피치는 대부분 요청받은 행사의 성격에 맞게 스피치를 준비하는 것이 일반적이다.

우리는 일빈적으로 특별한 상황의 짧은 스피치를 경험하는 것으로 스피치를 시작하게 된다. 예를 들면, 자기소개, 학교 과제발표, 자신이 속한 단체에서의 회장 또는 사회자로서의 스피치, 짧은 정보 스피치나 설득 스피치 등을 경험하게 된다. 소개 스피치는 자기 자신이나 다른 사람의 몇 가지 흥미로우며, 관심이 되는 사실을 강조하여 말한다.

과거 자기소개 스피치는 자신의 PR을 하기 위해서 자기 자신의 강점을 강조하여 스피치를 하였으나, 요즘은 자신의 정보를 상대방에게 효과적으로 전달을 하여 청중들이 자신에게 관심과 좋은 인상을 갖고 서로를 연결하는 매개체가 될 수 있는 것들을 정보로 제공함으로써 상호간 소통의 고리역할을 할 수 있도록 한다. 여기에는 대학에서 전공을 한 것, 인생의 목표, 고향, 출신 학교, 현재의 취미나 관심사, 직업, 좋아하는 TV 프로그램이나 영화, 여행, 스피치 과정에 참석하여 자기소개를 할 경우, 왜 스피치 과정을 수강하게 되었는가? 등 청중이 듣고 자신과 소통의 연결고리를 찾을 수 있거나 관심을 가질 수 있는 정보들을 포함한다. 또는 무엇이 나와 다른 사람을 특별하게 하는가 하는 것들을 통해 청중들이 호기심이나 관심을 자극할 수 있다.

유머러스한 사건의 스피치는 살면서 일어났던 유머러스한 사건들을 이야기하는 것이다. 여행을 가서 일어났던 재미있는 이야기라던가 어제 집에서 있었던 재미있던 이야기 등을 말한다. 인위적인 스피치는 화자가 하나의 아이템이나 여러 아이템들 중에서 하나를 선택하여 스피치를 하는 것이다. "성형을 함으로서 인생에 어떤 영향을 주는가?", "자신이 좋아하는 강아지는 자신의 인생에 어떤 의미인가?" 등의 인위적인 아이템을 선택하여 스피치를 하는 것이다.

한 가지문제에 대한 스피치는 단 하나의 생각을 선택하는 것이다. "친구들이 많은 것은 삶의 가치를 높여주는 것인가? 친구가 많은 것은 불필요한 것인가?"라는 두 가지 의견 중에서 한 가지를 선택하여 그에 대한 명백한 설명과 지지를 하는 것이다.

불만족에 대한 스피치는 화자를 정말로 화나게 하는 어떤 것을 선택하는 것이다. 예를 들면, "주차비의 심각성"이라는 주세는 화자로부터 주차할 공간은 부족하고 주차장 요금은 비싸고 자동차를 가지고 다니는 것보다 주차비가 더 든다, 라는 화자의 불만족에 대한 스피치로 왜 그렇게 자신을 화나게 하는지 말하는 것이다.

마지막으로 개인적인 의견에 관한 스피치이다. 개인적인 의견과 왜 자신이 생각하는 것이 옳은 방법이라고 느껴지는가를 말하는 것이다. "우리나라에서는 국보법이 필요하다." 또는 "우리나라에 사드배치가 필요하다."라는 주제로 개인적인 의견을 말하고 그것이 옳은 이유를 설명하는 것이다. 물론 반대의 의견으로 스피치를 하는 것도 같은 맥락이다.

주제를 선택할 때는 첫째, 이미 질 알고 있는 것을 주제로 선택하거나 둘째, 무언가 관심이 있는 것으로 이야기 하고 싶은 것을 선택하는 것이 좋다. 셋째, 청중에게 가치 있고 흥미유발이 가능한 주제를 선택하고 넷째, 주체 측으로부터 요구 받은 주제를 선택하거나 요구에 알맞은 주제를 선택하면 된다.

3. 스피치의 구성 및 윤곽

스피치의 구성 및 윤곽은 이미 언급한 바와 같이 화자가 스피치를 하는 목적에 도달할 수 있게 하는 길을 만들어 주는 것이다. 스피치의 구성은 정확한 목적과 주요 요인을 정의하고 스피치의 목적을 달성하기 위한 전략적인 접근을 위해서 다양한 방법의 스피치 구성법을 활용하여 준비한다. 자세한 설명은 정보 스피치와 설득 스피치의 구성에서 이야기 하도록 한다.

4. 시각적 도구를 활용한 스피치의 연습

스피치를 실전에서 더욱 빛나게 하기 위해서 적게는 2회~3회의 연습을 통하여 보다 편하게 스피치를 할 수 있게 만드는 것이 중요하다. 연습을 통해서 자신이 구성한 스피치 흐름이 스피치의 목적을 달성하기에 충분하며, 시각적 도구의 활용이 도움이 되는가를 확인해야 한다. 언제나 시작과 끝이 좋아야 한다는 것을 명심한다면 훌륭한 스피치를 할 수 있다.

2장
불안감의 이해와 경청

2장 불안감의 이해와 경청

상황에 따른 불안감의 종류

스피치의 불안감은 자신에게 많은 스트레스를 주게 된다. 불안감은 성격이나 다른 상황을 접했을 때도 일어나게 되는데 모든 것은 자기 자신에게 달려있으니 지금부터 이야기할 불안감을 이기는 방법을 잘 습득하기 바란다.

스피치를 배우려고 하는 사람들의 대부분은 불안감이나 긴장감을 없애기 위해 필자를 찾아온다. 이는 어려서부터 많은 사람들 앞에서 이야기를 하고 자신의 생각을 전달하거나 자신이 주도적으로 앞에서 무언가를 해볼 수 있는 실무 중심의 교육을 받지 못하고 주입식 교육을 받았기 때문이다.

그래서 남들 앞에 서면 긴장을 하거나 불안해질 수밖에 없다. 즉, 주입식 교육에서 오는 문제점은 성인이 되서도 말을 하는데 필요한 자신감의 결여로 이어지는 것이 아닌가 싶다.

스피치의 불안감에는 크게 상황에 따른 불안감과 성격에 따른 불안감으로 나눌 수 있다. 상황에 따른 불안감은 새로운 상황

이나 장소 등으로 나타나는 것으로 불안감을 관리하는데 연습이
필요하다.

1. 불안감의 종류

상황에 따른 불안감은 주로 새로운 경험에서 오는 경우가 많으
며, 자주 반복적으로 똑같은 상황에서 스피치를 하게 되면 불안
감도 줄어드는 경우가 일반적이다. 새로운 조직의 구성원으로 처
음 연단에 서서 자기소개를 한다던가, 기존의 조직이나 모임에서
회장이나 임원으로 선출되어 스피치를 해야 한다거나, 인터뷰나
면접, 프레젠테이션 등의 새로운 커뮤니케이션 상황에서 긴장을
하게 되는데, 이것은 지극히 정상적인 현상이다.

상황에 따른 불안감을 겪고 있는 사람들을 보면 배가 더 부룩
하다던가, 심장 박동 수의 증가, 입이 마르고, 손바닥에 땀이 밴다
던가 하는 증상이 일어난다. 이런 경우가 자주 일어난 다면 스피
치 불안감의 증상을 가지고 있는 것이며, 스피치를 할 때 많은 부
담감을 느끼고 있다는 것이다. 불안감은 스피치를 최악의 경우에
다다르게 할 수 있어 불안감을 줄이는 것은 매우 중요하다.

2. 특성이나 특색에 따른 불안감

우리는 개인마다 다른 성격을 가지고 있으며, 각기 다른 경험과 지위를 가지고 있다. 불안감은 이러한 것에서도 나타나게 되는데 화자의 성격, 경험, 지위 등의 3가지로 불안감을 분류할 수 있다.

(1) 타인과 다른 것에 대한 불안감

우리는 타인과 자신을 비교하는 경향이 많이 있다. 우리의 삶은 어느 순간 경쟁이라는 비교가치에 자신을 힘들게 하고 스스로를 낮추어 보는 경우도 있다. 스피치를 할 때도 자기 자신이 스스로 다른 사람과 비교를 해서 불안감을 초래하는 경우가 있으며, 다른 사람들은 스피치를 할 때 편안해 보이는데 자기만 혼자 긴장하고 두려워한다고 느끼는 것이다. 이 경우는 지극히 잘못된 믿음이다. 어떤 사람들은 긴장감의 신호가 밖으로 표출되어 지지만, 대부분은 내적이며, 뚜렷하게 드러나지 않는다. 하지만 대부분의 불안감이 그렇듯이 자신 스스로가 만들어 가는 것이기에 타인과의 다른 점을 인식하게 되는 것이다.

(2) 과거의 스피치 경험

긍정적 경험은 자신을 성장시키는 기반이 된다. 하지만 부정적 경험은 자신감을 잃게 하거나 부정적 결과를 초래하게 할 수 있다. 과거의 스피치 경험이 긍정적이었다면 불안감은 그리 높지 않을 것이다. 그러나 과거에 불안감을 느꼈고 부정적이었다면, 계속적인 불안감과 두려움으로 지금의 상황도 좋아 질 수 없다는 것이다.

(3) 전문지식의 믿음이나 신뢰

일반적으로 이 경우는 자신의 위치보다는 자기 자신의 전문지식과 발표할 내용에 대한 지식의 수준을 낮게 잡는 경우이다. 자신이 잘 알고 있는 분야이거나 전문지식을 가지고 있음에도 청중들이 자신보다 이 주제에 대해서 더 많이 알고 있지 않을까 하는 두려움이 그것이다. 이런 경우에는 보다 전문적인 지식의 내용을 탄탄하게 준비하고, 개인적인 이야기나 경험을 바탕으로 한 흥미와 독특하고 창의적인 의견이나 전문적 견해를 제시할 수 있도록 준비하는 것이 좋다. 다시 말한다면, 보다 차별화해야 한다고 할 수 있을 것이다.

상황에 따른 불안감의 관리

스피치 불안감을 극복 할 수 있는 가장 효과적인 방법 중의 하나이자, 추천하고 싶은 방법이 준비와 연습이다. 만약 적당히 준비를 하거나 특히 연습을 대충하게 되면 아무것도 준비 안한 것 보다 더 긴장하거나 심리적으로 더 불안 할 수 있다.

1. 불안감 관리

스피치의 불안감을 줄이기 위한 연습으로, 발성 연습을 한다던가, 스트레칭을 하거나, 입 주위의 근육을 풀어준다거나 하는 식으로 얼마든지 극복할 수 있다. 그리고 새로운 곳에서 스피치를 할 경우에는 미리 그곳에 도착해서 분위를 익히는 것이 좋다. 또한 호흡의 활용을 잘 하면 긴장감을 줄일 수 있다. 특히 입과 코를 함께 사용하여 복식 호흡을 하면 효과적이다.

성격에서 오는 불안감은 남들 앞에 서는 자체를 싫어하거나, 과거에 사람들 앞에서 이야기를 하다가 창피를 당한 적이 있거나, 다른 사람의 스피치와 자기의 스피치를 비교하는 것에서 비롯되는 경우가 많다. 대부분 성격적인 불안감을 가지고 있는 사람들은 자신의 마음가짐이 중요하다. 내성적인 성격을 가진 사람들은 나서는 것을 싫어한다. 하지만 어떤 자리든 어떤 상황이 든 즐기면 성공할 수 있다. 내성적인 성격을 가진 사람은 대부분 나서는 것을 싫어하지만, 자신이 즐기고 좋아하는 일에 대해서는 불안감을 느끼지 않는다. 예를 들면, 사람들 앞에서 말을 하는 것은 싫어하지만 악기를 다루거나 노래를 하는 것을 좋아 하는 경우도 있고, 춤을 잘 추는 경우도 있다. 이렇게 자신이 좋아하는 것을 할 때는 불안감이 크게 줄어들기 때문이다.

누구나 실패를 할 수 있다. 창피했던 과거의 경험이 마음먹기에 따라 발전의 계기가 되기도 한다. 다른 사람과 비교하여, 자신이 말을 잘 못하는 것에 불안감을 느끼는 경우도 마찬가지다. 스피치는 순위를 매기기 위해 하는 것이 아니고, 자신의 생각을 잘 전달하기 위한 것이다. 쓸데없는 비교는 스트레스를 초래하고, 자신을 불행하게 만드는 것임을 잊지 말라.

대부분의 사람들은 스피치를 할 때 조금의 불안감을 느끼고 사람들 앞에서면 "혹시나 좋지 않은 모습으로 보이지 않을까," "자신이 실수를 하게 되면 사람들 앞에서 창피를 당하지 않을까."하는 두려움을 가지게 된다. 그러나 모든 사람들은 그러한 불안감을 가지고 있고 강단에 오르기 전에 불안해하고 있다. 하지만 화자는 혼자가 아니라는 것을 명심해야 한다. 청중은 대개 편견 없이 공정하게 화자의 스피치를 듣기 때문이며, 화자의 능력과 지식에 감동되어지고 화자의 스피치에 용기를 주기 때문이다.

선입견이나 편견 등이 청중의 경청을 방해할 수 있지만 대부분의 청중들은 화자에게 우호적이라고 볼 수 있다. 또한 적당한 압박이나 긴장은 자신을 최고가 될 수 있게 도움을 줄 수 있는 자극이 되기도 한다.

(1) 준비와 연습

스피치 불안감을 극복 할 수 있는 가장 효과적인 방법 중의 하나이자, 추천하고 싶은 방법이 준비와 연습이다. 학생 시절에 발표를 하기 전에 아마도 준비와 연습을 해본 경험이 있을 것이다. 만약 적당히 준비를 하거나 특히 연습을 대충하게 되면 아무것도 준비 안한 것 보다 더 긴장하거나 심리적으로 더 불안 할 수 있다. 아예 모르면 모르니까 잘 못 할 수 있지 라고 자기 스스로를 위로한다. 하지만 조금 알고 있을 때는 더 불안하거나 잘 하고 있는 걸까라는 불안이 더 커지게 마련이다. 불안감을 줄이기 위해서는 자신이 만족할 수 있는 수준의 발표내용을 이해하고 연습을 충분히 해야 한다.

완전한 준비를 위해서는 청중을 분석하고 발표할 것을 계획하고 청중을 위한 시각적 도구를 준비해야 한다. 다음으로 원고를 준비하고, 그 원고를 활용해서 처음부터 마지막까지 3번 이상의 연습을 하는 것이 좋다. 원고를 준비하는 것과 준비하지 않는 것의 차이를 느끼지 못할 수 있지만 원고를 준비하게 되면 발표내용을 숙지하는데 도움이 되며, 반복적으로 연습을 함으로써 실전에서는 원고를 보고 발표를 하는 것이 아니고 필요할 때 마다 원고를 보면서 하면 된다. 이렇게 원고를 준비하게 되면 발표 상황에서 전달하지 못하는 내용이 있을까하는 걱정을 하지 않아도 된다.

준비된 원고를 가지고 연습을 할 때는 항상 큰소리로 연습을 하는 것이 좋다. 실전에서의 소리와 연습을 할 때와의 소리가 같지 않다는 것을 마음속으로 주지하여야 한다. 스피치를 할 때의 환경을 생각해 봐야 하며, 가능한 같은 여건에서의 상황을 재연해서 연습을 하는 것이 좋다. 발표하는 동안 계속 서서 한다면 연습 또한 그렇게 해야 하며, 시각적 도구를 사용하여 실제의 상황과 똑같이 활용하고 시간을 줄여야 하는지 늘려야 하는지를 연습을 통해서 인식해야 한다. 마지막으로 청중의 가능한 예상 질문을 만들고 그에 대한 답을 준비해야 한다. 이렇게 자신이 잘 준비를 했다는 것을 인지한다면 불안감은 크게 줄어들 것이다.

(2) 준비운동

운동선수들이 경기에 출전하기 전에 근육과 관절을 풀어주어

부상을 방지하거나 근육의 움직임을 부드럽게 하기 위해서 몸을 풀어주는 워밍업의 시간을 갖는다. 스피치를 할 때도 화자는 연단에 서기 전에 워밍업을 하는 것이 좋다. 목소리, 근육, 입 주위 등 준비 운동을 통해 풀어 주는 것이 효과적이다. 음성을 높게 또는 낮게 노래를 불러 보거나 책이나 짤막한 글을 크게 읽으면서 음량, 강조, 음률 등에 신경을 써서 연습해보는 것으로 긴장감을 풀어 줄 수 있는 좋은 방법이다. 또한 스트레칭을 통해 긴장된 자세를 편안하게 해주고 움직임을 부드럽고 자연스럽게 할 수 있도록 긴장을 풀어준다.

(3) 긴 호흡의 활용

긴 호흡을 통해서 긴장감을 빠르게 진정시킬 수 있다. 이 방법은 코를 통해서 숨을 깊이 들여 마신 후 다섯을 세면서 천천히 입으로 숨을 내뱉는 것이다. 숨을 내뱉으면서 자신의 스트레스와 긴장감을 천천히 팔을 통해 손가락 끝으로, 몸과 다리를 통해서 발가락으로 빠져 나간다는 상상을 하면서 천천히 숨을 내뱉는다. 연단이나 청중 앞에 나갈 때 계속적으로 긴장이 된다면, 코와 입을 동시에 사용하여 천천히 복식호흡을 한다.

긴장감으로 인한 심박동 수가 빨라지면 복식호흡으로는 빨라지는 심박동 수를 줄이기 힘들다. 100m 질수를 하고난 후에 깊게 흉식호흡을 하듯이 긴장을 했을 때도 흉식호흡을 통해서 긴장감을 풀어 주는 것이 좋지만 청중 앞을 지나가면서 흉식호흡을 깊게 할 수는 없기 때문에 흉식과 복식을 같이 하는 것도 도움이 된다. 그렇게 되면 사람들의 시선에 띄지 않고 긴장감을 풀 수 있을 것이다.

(4) 효과적인 주의 끌기의 활용

대중을 상대로 스피치를 잘하는 강사나 청중 앞에 많이 서 본 경험이 있는 화자들의 대부분은 청중의 호의적인 반응을 얻어 긴장을 푼다. 이러한 이유로 화자들은 유머러스한 주의 끌기를 준비하는 것이다. 이것은 화자와 청중들의 긴장을 풀어 줄 뿐만 아니라, 매끄러운 시작을 할 수 있다는 장점이 있다. 또한 주의 끌기를 잘 함으로써 스피치의 흐름이 잘 풀릴 수 있다. 성공적인 주의 끌기를 준비하는 것은 쉽지 않지만 반복된 연습의 결과로 충분히 좋은 주의 끌기를 만들어 낼 수 있으니 꾸준히 노력하는 것이 좋다.

(5) 목적과 내용에 집중하기

어떻게 외적으로 잘 보이고 좋은 목소리를 내어 청중에게 감동을 주는가도 중요하지만 그 보다는 화지의 스피치에 대한 의의 또는 의미가 청중에게 잘 전달 할 수 있게 모든 에너지를 모아야한다. 상호간의 대화에서는 메라비언(Mehrabian)이 이야기 한 봐와 같이 언어보다는 비언어의 비중(언어 7%, 비언어(시청각) 93%)을 크게 볼 수 있지만, 대중을 상대로 한 스피치는 내용의 전달도 중요하기 때문이다. 그래서 청중이 스피치의 요지를 이해하고, 스피치의 구성을 잘 따라 오는가를 확인해야한다. 화자는 청중들의 비언어적인 반응에 주의를 해야 하며, 만약 청중이 스피치 요지에 이해를 못한다고 느껴지면 다시 한 번 설명을 하거나 예를 들어 주는 것이 좋다. 이렇게 화자가 청중에게로 집중하다 보면 긴장감을 어느 순간에 잊어버리게 된다.

(6) 시각적 도구의 활용

일반적으로 우리는 다양한 상황에서 스피치를 하게 되는데, 대부분의 상황에 따른 스피치에서 시각적 도구를 활용한 스피치는 잘 하지 않는다. 시각적인 스피치를 하는 경우는 학교에서 발표를 하거나 직장에서 프로젝트를 발표하거나 비즈니스 프레젠테이션을 하는 경우와 같이 일반적 상황 보다는 특별한 상황의 스피치에서 시각적 도구의 활용을 하게 된다.

시각적 도구의 장점으로는 청중으로 하여금 쉽게 경청을 할 수 있게 만들뿐만 아니라, 화자의 신뢰도와 설득력을 높여준다. 시각적 도구는 화자가 발표하려고 하는 주된 요인을 잊지 않게 도와주며, 청중의 시선을 끌뿐만 아니라 화자 자신의 신체 움직임이나 몸짓에 신경을 많이 쓰지 않게 해준다.

2. 성격이나 습관에 따른 불안감 관리

(1) 긍정적 심상

일반적으로 많이 듣는 이야기 중의 하나가 긍정적인 생각을 하라는 것이다. 긍정적 심상은 마음속으로 할 수 있다는 자신감과 믿음을 갖게 하여 정신적으로 스피치를 성공할 수 있는 확신을 준다. 스포츠 선수들이 이미지 트레이닝을 하는 것과 같다고 보면 된다. 양궁선수들이 눈을 감고 활을 잡고, 들고, 당기고, 쏘고, 과녁에 정확히 맞추는 것과 같은 세부적 이미지 트레이닝을 하듯이, 스피치를 어떻게 시작해서 어떻게 마무리 할 것이고, 잘 할 수 있다는 확신을 갖는 것을 상상하며 마음을 가다듬는 것이다. 이렇게 긍정적 심상을 통해 할 수 있다는 자신을 통재해 나가는 것이 필요하다.

자의에 의해서든 타의에 의해서든 우리는 사람들 앞에서 많은 이야기를 하게 된다. 또한 미리 준비된 스피치를 할 때도 있고 그렇지 않을 때도 있기 때문에 항상 우리의 긍정적 심상은 때와 장소를 가리지 않고 우리에게 자신감을 줄 수 있을 것이다.

(2) 왜 긍정적 심상이 좋은가

긍정적 심상활용은 이미 1988년 서울 올림픽 양궁에서 한국선수들에 의해서 큰 성과를 거둔바 있다. 긍정적 심상은 심리적인 안정을 줄 뿐만 아니라, 할 수 있다는 자신감을 주며, 이 같은 정신적 에너지는 육체의 움직임에도 큰 영향을 준다. 활기찬 경험의 이미지는 보여 지는 것과 느껴지는 것 모두에 영향을 받는다. 이는 뇌파, 혈액의 흐름, 심박 수, 몸의 온도, 위의 분비작용 등에 영향을 준다. 긍정은 부정을 이긴다. 부정은 자신을 나약하게 하지만 긍정은 자신을 강하게 해준다는 것을 잊지 말라.

(3) 강제적인 것은 효과가 없다

사람들 앞에서 발표를 하거나 이야기를 하는 걸 좋아하는 사람은 많지 않을 것이다. 학교에서 강의를 하다보면 앞에서 발표하는 걸 부담스러워 하는 학생들이 의외로 많이 있다는 걸 느낀다. 성적을 받아야 하기 때문에 어쩔 수 없이 발표를 하는 학생들을 보면서 역시 어쩔 수 없이 하는 발표는 성공적으로 발표를 할 수 없다는 것을 느끼게 된다. 어떠한 일이든 강제적이고 부정적인 생각으로 한다면 성공할 수 없다. 하고 싶지 않은 것을 강제로 하면 그 일에 금방 싫증을 내듯이 스피치 또한 마음이 불편해 지고 표정이 굳어지는 등의 내적, 외적 불안감이 더 쌓일 수 있다.

(4) 체계적으로 민감성 없애기

긍정적 심상의 훈련은 1차적으로 불안감을 줄이기 위해서 긴장감을 풀어 주는 연습을 하는 것이 좋다. 긴장감을 풀어 주는 방법은 앞에서 이야기한 준비운동을 하여 긴장을 푸는데 많은 도움을 준다. 근육의 긴장감을 풀게 되면 근육의 이완 및 수축, 운동성 향상에 도움을 줄 수 있으며, 심적인 안정에 도움을 줄 수 있다.

2차적으로 준비와 연습을 통한 스피치의 훈련이다. 체계적인 준비와 연습은 자신감을 줄 수 있으며, 성공의 가능성을 높여 준다. 3차적으로 전문가의 도움을 받아 자신의 단계적인 두려움의 상태를 파악하고 이를 개선해 나가는 것이다. 자신 스스로가 불안감을 없애기 어렵다고 판단된다면 전문가의 도움으로 불안감의 원인을 파악하고 조금씩 문제를 해결해 나가는 것이 좋을 것이다.

(5) 인식의 변화

우리는 무언가를 하기 전에 자신 스스로 상상하고 생각하게 되는데, 이러한 상상이나 생각이 긍정적이든 부정적이든 인식을 하게 된다. 변화는 이러한 화자의 두려움에서 오는 인식이다. 즉 스피치에 대한 자신의 실력을 냉정하게 판단하지 못하고 비현실적 기대감을 갖거나 부정적 이미지를 통해 이성적이지 못한 생각으로 '난 안 돼', '내 실력은 엉망이야' 등의 부정적 결과를 바탕으로 하기 때문에 인식의 변화는 실패에 대한 두려움을 조절할 수 있는 능력이 필요하다.

청중들이 자신의 스피치를 좋아하고 설득되어 질 것 이라고 믿는 것은 중요한 인식이다. 하지만 만약 스피치를 하는 도중 자신의 실수에 청중들이 자신을 안 좋게 생각하거나 지식수준을 낮게 본다는 느낌이 들어 두려워하거나 긴장을 하게 되면 스피치는 성공하기 힘들게 된다. 이것을 극복하기 위해서는 화자의 두려움을 만들어내는 이성적이지 못한 자기 말들을 정의하는 것이 중요하다. 즉, 사람은 누구나 실수할 수 있다는 것을 받아들이고 그러한 실수를 극복하고 더 좋은 스피치를 만들어 나가려는 자세와 마음가짐이 필요하며, 위기 상황이나 스트레스 받는 상황을 예상하고 대안을 통하여 연습을 하는 것이 좋다.

(7) Rhetoritherapy

Rhetoritherapy는 G.M.Phillips에 의해 발전되었다. 이는 감정 보다는 말하는 기술에 초점을 맞춘 것으로 목표를 분석하는 기술에 초점을 맞추고 있다. Rhetoritherapy는 첫째, 목적에 맞는 스피치의 목표 정의. 둘째, 스피치를 전달하기 위한 정확한 전달력과 목표를 달성하기 위한 연습. 셋째, 목표를 달성하기 위한 언어적 및 비언어적 진행의 개발 등이 필요하다.

스피치의 목표는 스피치를 전달하기 위한 기술을 발전시켜준다. 목표를 청중들에게 성공적으로 전달하기 위해서는 특정하거나, 중요한 내용이나, 감정의 표현이 잘 들리고 느낄 수 있게 큰 소리로 말을 한다. 말을 하는 동안 제스처를 사용하고, 가능한 청중들과 직접적으로 눈을 마주치면 스피치를 한다.

눈 맞춤(eye contact)은 스피치를 하는 목표가 성공적으로 진행되고 있는가를 파악하기 위해서 청중들의 피드백을 인식하게 하는 중요한 역할을 한다. 피드백은 적게는 과반수이상의 청중들과 직접적이고 진실 된 눈 마주침을 통해 청중의 상황을 파악하는 것으로 자신의 신체언어가 효과적으로 전달되고 있는지, 청중들이 자신의 음성적 전달에 만족하고 있는지, 스피치의 내용을 잘 이해하고 있는지 등을 알아내는 것으로 성공적인 스피치가 되고 있다는 것을 판단할 수 있다.

즐겨라! 성공할 것이다!

조금 못하면 어때 조금씩 좋아 질 거야. 이렇게 생각을 하고 스스로가 즐겨야 한다. 즐길 수 있다는 것은 자신이 잘 할 수 있는 가능성이 그렇지 않을 때보다 더 높다는 것이다. 마음을 열고 관심을 가져야 한다. 긍정적으로 생각하고 나의 실패에 얼굴을 찌푸리거나 실망하지 말고 실패까지도 즐겨보자.

나는 사람을 사귀거나 몇몇이 모여 담화를 나눌 때는 말을 잘하는 편이었다. 그런데 사람들 앞에서만 서면 말이 잘 나오지 않고 그런 자리가 적응하지 못했다. 하지만 스피치를 전공하면서 자신감도 생기고 자연스럽게 평정심을 찾게 되었다. 필자의 수강생 중에는 자난 날, 내가 느꼈던 것과 같은 긴장감이나 불안감에 대한 이야기를 많이 한다. 이렇게 사람들은 비슷하거나 같은 불안감을 그대로 갖고 있는 분들이 의외로 많다. 그런걸 보면 사람들은 모두 비슷한 것 같다. 나만 혼자 그런 것이 아니라 다른 사람도 나와 똑같은 불안감을 갖고 있고, 남들 앞에 서는 것에 자신이 없어 한다.

필자는 스피치를 전공한 덕분에 타 학과의 전공자들 보다 사람들 앞에서 발표를 하거나 이야기를 할 시간이 많았다. 과목마다 개인 발표와 조별 발표가 있고, 다른 학교 학생들이나 친구 또는 부모님을 초대해 스피치를 할 기회도 많았다. 조별 발표는 단순히 앞에 나가 스피치를 하는 것이 아니고, 상황 극을 연출해 학생들이 쉽고 재미있게 들을 수 있도록 해야 했다. 특히 'Oral Interpretation' 과목은 마지막 수업 때 청중을 초대하고 무대에 올라가 발표를 했다. 그 당시에는 이런 일이 얼마나 창피하고 쑥스러웠는지 모른다. 그랬던 내가 이렇게 스피치를 강의하게 된 것은 어느 순간 그 모든 것을 즐기게 되었기 때문이다. 또한 내가 생각하고 만들어낸 스피치에 청중이 좋은 반응을 보이면 더 없이 행복했었던 것 같다.

불안감이나 긴장감은 마음에서 오는 것이다. 그걸 극복하기 위해 필자는 강의를 할 때, 상황을 설정해서 스피치를 해보게 한다. 취임식, 이임식, 결혼식, 환영식 또는 토론, 인터뷰, 타인소개 등의 상황 극을 하다보면 수강생들의 실력이 향상되는 것을 실감할 수 있다. 그 이유는 각 팀이 상황 극을 준비하면서 그 자체를 즐기기 때문이다. 서로 토의하고 좋은 결과를 만들어내기 위해 노력하는 동안 자신도 모르게 그 상황에 빠져 있다는 것이다. 이러한 즐거움이 스스로에게 힘이 되고, 이것이 자연스럽게 실력의 향상을 가져오는 것이다. 이렇게 즐긴다는 것이 자신에게 많은 도움을 준다는 것은 누구나 알 수 있지만 즐길 수 없다는 것이 문제가 된다는 것을 알지 못한 다는 것이다. 그것은 스스로의 마음가짐에서 해답을 찾을 수 있다고 본다. 스스로 창피하고 쑥스러워서 자신스스로가 거부하도록 만들어 나가는 부정적인 마음을 조금 못하면 어때 조금씩 좋아 질 거야. 이렇게 생각을 하고 스스로가 즐겨야 한다. 즐길 수 있다는 것은 자신이 잘 할 수 있는 가능성이 그렇지 않을 때보다 더 높다는 것이다. 마음을 열고 관심을 가져야 한다. 긍정적으로 생각하고 나의 실패에 얼굴을 찌푸리거나 실망하지 말고 실패까지도 즐겨보자. 만약 성공을 원한다면, 즐겨라!!! 성공할 것이다.

창피하고 쑥스러워하는 부정적인 마음을 '조금 못하면 어때, 차차 좋아질 거야.' 하는 긍정적인 마음으로 바꾸도록 하라. 이렇게 생각하고 즐길 줄 알아야 성공할 수 있다.

기본에 충실하고 연습을 게을리 하지 마라!

기본이란 음성의 전달, 자세, 스피치의 구성 등을 말하는 것이다. 수업을 진행 하다 보면 기본과정을 착실하게 익힌 수강생과 그렇지 못한 수강생 사이에는 확연히 차이가 있다. 기본을 토대로 꾸준히 연습하면 실력은 자신도 모르게 따라온다.

자신을 가장 발전시킬 수 있는 것은 바로 기본에 충실한 자세다. 기본이란 더 큰 발전을 위한 밑거름이며 자신감의 토대이다. 스피치는 어려서부터 학습하는 것이 아니고 자연스럽게 습득하는 것이다. 그래서 일찌감치 부모님이나 선생님으로부터 잘 못된 습관이나 스타일을 지적 받은 경우를 제외하고는 자신이 결점을 알게 되는 순간 이미 어느 정도 나이가 들어있게 마련이다.

필자 또한 초등학교 시절에 책을 읽는 것도 자연스럽지 않았던 기억이 난다. 우리나리의 스피치 교육에 아쉬운 점이 이 부분이다. 어린 시절부터 스피치 교육을 받고 자란 성인과 그렇지 않은 성인은 많은 차이가 있다. 물론 학교에서 발표 수업을 많이 한다고 해서 스피치를 잘 하는 것이 아니다. 기본을 가르치고 스피치를 잘 할 수 있는 길을 알려주어야 한다. 하지만 예전이나 지금이나 그렇지 못한 현실이 못내 아쉽기만 하다.

나는 항상 수강생들의 기본을 다져주는데 신경을 많이 쓴다. 어느 정도 스피치를 잘 할 수 있게 되면 자신의 스타일을 찾게 되는데, 그 전까지는 기본에 충실하고 자신을 스스로 교정 할 수 있도록 한다. 자신의 실력이 향상되고 성공적인 결과를 얻을 때까지는 기본에 충실하고 연습을 게을리 하지 말아야 한다.

기본이란 음성의 전달, 자세, 스피치의 구성 등을 말하는 것이다. 수업을 진행 하다 보면 기본과정을 착실하게 익힌 수강생과 그렇지 못한 수강생 사이에는 확연히 차이가 있는데, 기본 과정을 착실히 익힌 수강생이 교정도 빠르고, 실력향상도 빠르다는 것을 알 수 있다. 기본을 토대로 꾸준히 연습하면 실력은 자신도 모르게 따라온다.

나는 최고이며, 모든 사람은 나를 응원하고 있다!

자신의 모든 관심과 신경을 만족스러운 스피치의 성과에 둔다면 긴장하거나 불안해질 까닭이 없다. 실패하고 싶은 사람은 아무도 없고, 누구도 화자가 스피치를 망쳤으며 하고 바라는 사람은 없다. 자신을 최고라고 생각하고, 청중이 나를 응원하고 있다고 생각하자. 반듯이 좋은 결과가 있을 것이다.

불안감을 느끼는 이유 중 하나는 사람들 앞에서 이야기를 할 때 자신을 어떻게 생각할지 걱정하기 때문이다. 그러나 청중은 앞에서 이야기하는 사람이 말을 못하길 바라지 않는다. 말을 하는 자신만 그렇게 생각할 뿐이다.

이럴 때는 '청중은 나를 응원하고 있어 나는 최고야' 라고 생각하며 스스로 자신을 격려해주는 것이 좋다. 스피치는 평가를 받는 것이 아니다. 평가를 받으려고 생각해서도 안 된다. 자신이 가지고 있는 생각이나 정보를 잘 전달하면 되는 것이고, 얻고자 하는 것이 있으면 얻으려 노력하면 되는 것이다. 나를 보는 사람들의 시선이 중요 한 것이 아니고, 스피치의 목적을 달성하는 것이 중요하다. 스피치를 하는 동안의 긴장감이나 불안감이 중요한 게 아니라 스피치를 마친 후 자신이 만족할 만한 성과를 얻었는가가 중요하다.

필자는 스피치를 공부하면서 많은 어려움을 겪었다. 그건 바로 무대 공포증, 즉 불안감 때문이다. 특히 사람들을 초청해서 발표할 때는 너무 창피했다. 처음엔 사람들이 눈에 보이지도 않고 뭘 하다가 내려왔는지도 모를 정도로 정신이 없었다. 한마디로 앞이 깜깜했었다. 그런데 몇 번 그런 자리에 서보니 사람들이 보이기 시작했다. 내말을 듣고 즐거워하는 그들의 모습을 보니 힘이 솟고 재미있기 시작 했다. 그 후로는 늘 이런 생각으로 그 자리를 즐겼다.

'비록 최고는 아니지만, 내가 최고라고 믿자.'

그리고 사람들이 모두 나를 응원하고 있다고 느끼며 자신에게 이 상황을 즐기라고 최면을 걸었다. 나는 수강생들에게 스피치를 즐기라고 말한다. 성공한 사람 모두가 자신의 일을 즐겼다고 생각하지 않지만, 그들 대부분은 자신의 일을 즐기면서 최고가 되기 위해 노력했을 것이다. 아니 자신이 최고라는 생각을 했을 지도 모른다.

자신의 모든 관심과 신경을 만족스러운 스피치의 성과에 둔다면 긴장하거나 불안해질 까닭이 없다. 실패하고 싶은 사람은 아무도 없고, 누구도 화자가 스피치를 망쳤으며 하고 바라는 사람은 없다. 자신을 최고라고 생각하고, 청중이 나를 응원하고 있다고 생각하자. 반듯이 좋은 결과가 있을 것이다.

긍정이 부정을 이길 것이다

사람들은 일이 잘 안 풀리게 되면 자신도 모르게 부정적인 생각을 하게 된다. 이것은 맑은 하늘에 갑자기 먹구름이 끼는 것과도 같다. 긍정은 또 다른 것을 만들어내지만 부정은 가지고 있는 것을 잃게 한다는 것을 잊지 말자.

우리의 마음에는 선과 악이 있듯이, 긍정적인 사고와 부정적인 사고가 있다. 그런데 사람에 따라 이러한 사고가 한 쪽으로 기울어지는 경향이 있다. 어떤 사람은 세상을 긍정적으로 보려 하고, 어떤 사람은 부정적으로 보기도 한다. 하지만 부정은 한 순간 자신을 보호 해 줄 수 는 있을지언정 성공에 결코 도움이 되질 않는다. 반면 긍정은 한 순간 선의의 피해를 볼 수는 있을지언정 성공의 밑거름이 된다.

필자의 강의가 중반 쯤 진행되면 "스피치가 잘 안돼요"라고 하시는 분들이 종종 있다. 비교적 말을 잘하던 수강생 중에 이런 고민을 털어놓는 분들이 많다. 여기에는 두 부류가 있는데 하나는

'잘 하고 있는데 스스로 잘 안 된다'고 생각하는 사람들이며, 다른 부류는 말 그대로 헤매는 사람들이다. 첫 번째 부류는 자신감이 없는 경우다. 자신이 잘 하고 있는데도 늘 부족하다고 생각하며 발전할 수 있는 가능성을 스스로 막아버리는 사람들이다. 이런 사람들은 자신의 성공에도 크게 만족을 느끼지 못한다.

두 번째 부류는 '생각의 이탈'이다. 처음 시작 할 때는 스피치를 비교적 잘하다가 어느 순간부터 이야기가 연결이 되지 않고 횡설수설하는 사람들이다. 이런 경우는 말을 잘 한다고 생각하다가 갑자기 자신이 이야기 하고자 하는 것이 잘 전달되지 않으며 생각이 나질 않는 경우로 구성의 흐름을 못 잡거나, 불안하거나, 생각이 복잡하거나 하는 등으로 '생각이 이탈'되어 지는 것이다. 어느 시점에서 생각이 정리되거나 이야기할 내용이 생각나면 다시 잘 할 수 있는 경우이며, 스스로 부정적인 생각을 버리고 천천히 자신의 마음을 다잡고 다시 시작하는 것이 좋다. 대다수는 말을 잘 하는 분들이기 때문에 긍정적인 생각으로 차분히 연습을 한다면 빨리 좋아 진다.

사람들은 일이 잘 안 풀리게 되면 자신도 모르게 부정적인 생각을 하게 된다. 이것은 맑은 하늘에 갑자기 먹구름이 끼는 것과도 같다. 긍정은 또 다른 것을 만들어내지만 부정은 가지고 있는 것을 잃게 한다는 것을 잊지 말자.

1. 목적에 충실하자

우리는 목적을 가지고 자신의 삶을 영위한다. 목적이 있는 삶과 목적이 없는 삶의 차이는 자신의 미래에 방향을 제시하느냐 그렇지 못하느냐의 차이가 아닌가 싶다.

스피치는 크게 정보 스피치, 설득 스피치, 상황에 따른 스피치로 분류를 한다. 각 스피치마다 고유의 목적이 있지만, 크게 2가지로 요약하면 첫째, 자신이 이야기 하고자 하는 것을 청중이 잘 이해하고 오래 기억 할 수 있도록 하는 것이고 둘째, 자신이 얻고자 하는 것을 얻기 위한 것이다.

스피치는 그 목적을 갖고 있어야 한다. 그래야 스피치를 하기 위한 준비와 계획 그리고 실행을 완벽하게 할 수 있다. 목적이 불분명 하다면 준비는 물론 계획을 세우는 것 자체도 어렵다. 그리고 목적은 있으되 정확하게 정리하지 않으면 이 또한 스피치를 하는데 어려움을 줄 수 있다. 그러므로 목적을 정확히 파악하고 준비와 계획을 세울 수 있어야 한다.

상황에 따른 스피치도 마찬가지로 목적이 있다는 것을 잊지 말라. 인사말은 '인사를 하는 것'이 목적이고, 자기소개는 '자신을 소개하는 것'이 목적이고, 축사는 '축하하는 것'이 목적이고, 환영사는 '환영을 하는 것'이 목적이 이다. 그 목적에 충실하자. 목적에서 벗어나는 순간, 스피치는 길을 잃고 헤매는 어린아이와 같아진다. 적어도 성인은 자신이 길을 찾을 수 있는 방법을 알고 있지만 어린아이는 그 방법을 몰라 헤맬 뿐이다. 목적에 충실한 스피치를 해야만 얻고자 하는 것을 얻을 수 있다.

2. 딱 걸렸어!

대부분의 불안감은 상황에 따른 긴장감에서 비롯된다. 새로운 사람들 앞에서 이야기를 할 때 큰 부담을 느끼는 것도 그 때문이다.

필자는 '일일 특강' 보다는 한 과정으로 이루어지는 강의를 많이 하는 편이다. 지금은 강의 자체를 많이 하다 보니 긴장을 많이 하거나 불안감을 크게 느끼지는 않지만 처음엔 대단 했다. 이때 내가 가장 자주 쓰는 방법은 수업시간보다 일찍 강의실로 나가는 것이다. 강의실엔 수업을 듣기 위해 일찌감치 와서 자리를 잡고 있는 사람들이 있다. 대부분 열심히 공부하고자 하는 의지가 강한 분들이거나 시간이 남아서 일찍 오신 분들이다.

그런데 이분들에겐 나의 강의에 대해 궁금한 점이나 자신의 부족한 점에 대해 상담하고 싶어 하는 공통점이 있다. 수업 전에 나는 그분들과 이런 저런 이야기를 하며 서로 편하게 시간을 보낸다. 그리고 그중에서 호의적이고 편하게 느꼈던 분에게 시선을 주며 강의를 한다. 이렇게 잠시라도 이야기를 해서 서로가 편해지면 긴장감을 줄일 수 있다. 또한 이렇게 이야기 할 수 있는 시간이 없다면, 내주위에 있는 사람들과 비슷한 느낌이 드는 사람을 선택해 그와 대화한다는 생각으로 강의를 하게 되면 자기도 모르게 긴장감이 사라지는 경우도 있다.

누구나 처음 간 곳에서, 처음 본 사람들과 이야기 한다는 것에 긴장감을 느낀다. 단지 긴장감의 강도가 다를 뿐이다. 많은 사람들 앞에 설 기회가 있다면 가장 편하게 느껴지는 사람을 택하라! 그리고 이렇게 생각하라!

딱 걸렸어!

경청을 이해하고 효과적으로 활용하자

경청은 단순히 상대의 이야기를 듣고자 하는 것이 아니라 상대가 전달하려고 하는 이야기의 의미를 파악하려 하는 것을 의미하는 것이다. 상대와의 소통이 원활하고 전달하려는 내용을 잘 이해하고 화자의 이야기로부터 원하는 것 또는 청자가 필요로 하는 중요한 내용을 파악하는 것을 의미한다

대화를 할 때, 상대방의 이야기에 귀를 기우리고 자신의 생각이나 감정을 이야기 하듯 대중 스피치 또한 화자와 청중간의 상호 작용을 하는 일련의 커뮤니케이션 과정이라고 할 수 있다. 화자는 자신의 생각을 언어로 암호화하여 보내면 청중은 이 암호를 해석한 후 그에 대한 생각을 암호화하여 다시 화자에게 암호화하여 보낸다. 이러한 암호가 바로 언어와 비언어로 나타나게 되는데 암호들을 잘 해석하는 것, 즉 상대방의 정보나 생각, 감정의 표현인 암호를 잘 이해 할 수 있는 능력은 곧 효과적인 경청을 할 수 있는 능력이다.

스피치는 상호작용이다. 테니스 치는데 상대가 없다면 공은 돌

아오지 않을 것이며 한 쪽으로 공을 계속 보낼 수밖에 없을 것이다. 상대가 있어도 공을 엉뚱한 곳으로 보내 준다면 역시 그 공은 나에게로 다시 돌아오지 않을 것이다. 스피치도 마찬가지이다. 청중은 화자의 말을 경청하여 정확하게 이해하고 그에 대한 긍정적 또는 부정적 생각을 반응하는 것이다. 이렇게 경청은 화자와 청중이 커뮤니케이션을 할 수 있게 하는 중요한 도구이다.

경청을 할 때 수동적이거나 능동적일 수 있다. 중요한 것은 자신의 필요에 의해 수동적 또는 능동적 경청을 효과적으로 활용하는 것이 바람직하다는 것이다. 또한 수동적 경청과 능동적 경청에 관계없이 경청을 하기 위해 메모를 하는 습관을 가지는 것도 중요하다. 우리가 듣는 모든 것을 기억할 수 없다.

메모는 중요한 것을 잊지 않게 하는 수단이다. 자신이 선택한 수동적 경청이나 능동적 경청의 결과물을 메모하는 습관은 정보 스피치. 토론, 토의를 효과적으로 할 수 있게 한다는 것을 잊지 말라.

1. hearing(청각)

청각은 사전적인 의미로 소리를 느끼는 감각이다. 청자의 귀는 화자로부터 전해지는 음의 파장을 받는 육체적인 진행과정이다. 청각은 커뮤니케이션을 위한 반응의 첫 부분이며, 육체적, 생리학적 행위이다. 경청은 청중의 참여와 청중이 화자의 이야기를 듣는 시간에 가치를 느끼고 있다는 믿음을 요구한다. 이것은 단순히 들려오는 소리를 말하는 것이 아니고 청중이 자신의 의지로 듣고자 하는 것에 대한 시간의 투자, 즉 가치와 인내를 말하는 것이다.

2. listening(청취, 경청)

경청은 단순히 상대의 이야기를 듣고자 하는 것이 아니라 상대가 전달하려고 하는 이야기의 의미를 파악하려 하는 것을 의미하는 것이다. 상대와의 소통이 원활하고 전달하려하는 내용을 잘 이해하고 화자의 이야기로부터 원하는 것 또는 청자가 필요로 하는 중요한 내용을 파악하는 것을 의미한다. 효과적인 경청은 화자의 생각과 감정의 이해로부터 청자가 얻어낸 정보의 정확한 피드백을 통하여 효과적으로 대응과 반응을 할 수 있다.

3. 경청의 종류

스피치 커뮤니케이션은 내인간 커뮤니케이션 및 대중을 상대로 한 스피치, 회의, 토론, 세미나 및 컨퍼런스의 진행, 프레젠테이션 등을 모두 아우르는 것이다. 이러한 스피치 커뮤니케이션에서 중요하게 인식해야 하는 것이 바로 경청이다. 다음은 경청의 3 가지 종류에 대하여 이야기 한다.

(1) 감각적, 감성적 경청

감각적 또는 감상적 경청은 스스로가 원해서 듣는 것으로, 우리의 일상에서 나타나는 형태의 경청으로 사람들이 좋아하는 음악이나 교육 강좌를 듣거나 라디오의 다양한 방송을 청취하는 경우에 발생한다. 이것은 즐기고 싶은 욕구의 충족으로부터 요구된다. 편안함이나 안정감을 느끼게 되며 경청을 위해 다른 수단을 개발할 필요가 없다. 왜냐하면, 응답자의 욕구에 의해서 듣기를 원하는 경우이기 때문에 듣는 것에 신중하게 된다. 이렇게 자신이 원하거나 듣고 싶은 것에 대한 자연스러운 경청을 감각적, 감성적 경청이라고 한다.

(2) 해석의 경청

해석의 경청은 필요에 의한 경청의 집중이다. 자신에게 필요한 정보를 해석하고 이해하려는 경우이다. 해석의 경청을 활용하는 사람들은 주된 요소나 보조 요소들에 대하여 공격하기 위한 문제점을 찾으려 하지 않는다. 또한 스피치의 구성, 논제, 전달 등에 대하여 비평적 분석을 시도 하려하지 않고 전체를 경청한다. 사람들은 대학의 강의, 정보의 평가나 정보의 수집을 할 때 해석의 경청을 활용한다.

(3) 비평의 경청

비평의 경청은 화자의 스피치가 "왜 청중에게 중요한가?" 라는 주된 요소, 논쟁, 이유를 찾는 것이다. 연예인들의 인터뷰, 대통령의 담화, 정치인의 선거 유세 등 논쟁이 필요하건 필요하지 않건 우리는 다양한 스피치를 듣고 있다. 그러나 모든 청중이 그들의 생각에 동의하는 것은 아니다. 청중은 지속적인 주의를 기울이며 그들에 대한 정보를 평가하고 비평하게 된다. 즉, 이런 과정을 통해 더욱 능동적인 청중이 되는 것이다. 자신의 필요에 따라 수동적 경청과 능동적 경청을 활용하는 것이 바람직한 자세라는 것을 말해두고 싶다.

경청의 단계

적극적 경청의 태도에는 상대가 무엇을 느끼고 있는가를 상대의 입장에서 받아들이는 공감적 이해가 중요하고, 자신이 가지고 있는 고정관념을 버리고 상대의 태도를 받아들이는 수용의 정신, 자신의 감정을 솔직하게 전하고 상대를 속이지 않는 성실한 태도가 필수적이다.

경청의 단계는 5단계로 이루어지는데, 커뮤니케이션 모델에서 청자가 화자의 암호를 받아들이는 순간부터 발생하며, 경청의 이해 단계를 말하는 것이다. 경청은 단순히 귀로 듣는 것만을 말할 수는 없다. 경청은 물론 듣고 이해하는 것이지만, 화자의 비언어적 표현의 전달을 이해하는 것 또한 효과적으로 경청을 하는데 아주 중요하다.

1. 감각적인 단계

우리에게 전달된 다양한 자극들 중에서 원하는 자극을 선택하거나, 필요 없는 자극은 무시하게 된다. 다시 말하면, 우리는 모든 청각적, 시각적, 후각적 자극이나 우리 주변에서 일어나는 모든 사건에 주목하지 못한다는 것이다. 하지만 우리는 이러한 자극에 어느 정도 중요성을 느끼며 선택적 자극을 하고 있다. 효과적인 경청의 첫 단계는 우리에게 흥미롭거나 중요한 것에 주의 및 자극을 선택적으로 받는 것으로 감각적 단계는 감각적으로 높은 수준으로 자극을 선택할 수 있는 능력을 키우는 것이다.

2. 해석의 단계

해석의 단계는 감각의 단계에서 보고, 느끼고, 들은 것들의 의미를 해석하는 단계이다. 화자가 전달하려는 진정한 의미의 해석을 시작한다는 것으로 언어적 및 비언어적 해석이 모두 포함된다. 감각적 단계에서 선택된 자극은 모든 언어적 표현만이 전부가 아니기 때문이다.

3. 평가의 단계

청자는 화자가 전달한 메시지를 이해하고 추리와 추론을 하여 평가를 하게 된다. 이 단계를 통해 메시지의 긍정적 또는 부정적 평가를 하게 되며, 자신에게 필요한 정보인지 아닌지를 평가한다.

4. 응답의 단계

청자의 메시지로부터 감지, 해석, 평가 되어진 것을 통해서 얻어진 생각을 화자에게 반응하는 것으로 피드백의 단계로 볼 수 있다. 이러한 응답은 청중의 비언어적 표현으로 나타나며, 화자는 이를 통해 청중이 이해를 하고 있는지, 이해를 하지 못하는지, 동의를 하는지, 동의를 하지 않는지를 판단할 수 있다.

5. 기억의 단계

경청의 마지막 단계로, 감지, 해석, 평가 그리고 응답의 전체적인 단계이다. 경청의 단계를 통해 청중은 필요로 하는 정보를 기억 속에 보존, 저장 하고, 이런 기억들을 통해 자신이 필요로 하는 순간에 기억되어진 것을 생각해 낼 것이고, 스피치를 하기 위해 또는 하는 동안에 라도 이러한 기억들을 활용할 것이다. 또한 기억을 통해 중요한 정보나 정보의 반복, 자신에게 가치 있는 모든 중요하고 흥미로운 것, 화자로부터 느끼고 감지한 인상적인 것들을 상기하게 된다.

효과적인 경청을 위한 요인들

사람들은 대부분 듣는 것보다는 말하는 것 보다는 말하기를 더 좋아한다. 상대방을 도와주어야할 때, 상대방의 말을 제대로 듣지도 않고 충고나 해결책을 제시하는 경우가 있다. 그러나 상대방을 도와주기 위해서는 그가 무슨 말을 하는지 열심히 이해하면서 들어야한다.

경청을 효과적으로 하기 위해서 필요한 요인들이 있다. 이러한 요인들은 경청을 할 수 있는 상황을 만들기 위한 노력이나 효과적으로 경청을 할 수 있게 해주는 노력의 요인이다.

1. 장소의 육체적 환경

일상에서 나누는 대화나 청중을 상대로 한 스피치 등은 가장 안정적이며 편안한 상태에서 가장 좋은 분위기를 만들어 내거나 좋은 성과를 낼 수 있다. 불편한 육체의 상태는 커뮤니케이션의 진행을 방해하는 아주 해로운 것이다. 좋지 않은 육체적 환경은 화자나 청자 모두에게서 일어날 수 있는 방해요인이라고 할 수 있다.

만약 세미나나 강연에 참석한다면, 시작 시간보다 충분히 일찍 도착해서 화자의 말을 듣는데 가장 적절한 자리를 선택하여 앉는 것이 주변 환경으로부터 올 수 있는 문제들을 피할 수 있고, 주의 깊게 경청을 할 수 있는 보다 편안한 여건을 만들 수 있을 것이다.

2. 개인의 육체적 요인

운동선수들은 시합 전 컨디션 조절을 잘 해야 하며, 시합에 들어가는 순간까지 좋은 컨디션을 유지하려고 한다. 이것은 개인의 육체적 컨디션을 최고의 상태로 만들기 위해서다. 그러므로 대부분의 운동선수는 육체적 컨디션을 유지하기 위한 최소한의 물과 음식을 섭취한다. 그러나 운동을 보러온 관중 또한 똑같은 현상이 이러난다.

스피치도 마찬가지의 경우이다. 만약 화자가 점심이나 저녁 식사 후 또는 모임을 가진 후에, 바삐 스피치에 참석한다면 노곤해지거나 속이 더부룩할 것이다. 청중 또한 이러한 현상 때문에 경청에 방해를 받게 된다. 이런 경우에는 부담이 가는 음식이나 많이 먹는 것을 피하는 것이 좋으며, 미리 짧게 설 잠을 자는 것도 좋을 것이다. 우리의 몸 상태를 보다 편하게 하여 화자의 메시지에 주목할 수 있게 한다. 또한 몸의 상태를 미리 파악하여 적절한 조치를 취한 후에 참석하는 것이 좋다.

3. 심리적 요인

우리의 삶에서 나타나는 심리적 현상, 즉 직장, 학교, 집에서 일어나는 문제나 동료와의 갈등, 카드 대금을 못낸 경우 등의 모든 상황들은 우리에게 정신적 스트레스를 증폭시키고 있다. 이러한 문제들은 우리의 집중력을 방해하고 제한적으로 경청을 하게 한다.

스트레스는 우리의 집중력을 감소시켜 메시지의 경청에 방해를 한다. 스피치를 참관하기 전에 자신이 처한 상황이나 문제가 무엇이고 문제의 상황은 어떤 상태인지를 파악하고 문제를 해결하기 위해 어떻게 접근할 것인가를 생각하고 난 후에 참석하는 것이 좋은 방법이다.

때로는 모든 문제의 해결은 그리 쉽게 답을 찾을 수만 있는 것이 아니므로, 문제의 해결책을 찾지 못했을 경우에는 자신이 지금 경청을 해야 하는 목적에 초점을 맞추고 지신이 얻게 될 이익에 대하여 생각을 하면서 경청을 하는 것이 좋다.

4. 경험적 요인

경험이란 과거에 어떠한 상황이나 메시지에 대한 반응을 기억하고 있는 정보이다. 이러한 정보는 우리의 관심사, 두려움, 불안감, 감정 등에 관련된 과거의 경험, 태도, 선입관 등으로 분류할 수 있다. 대중을 상대로 한 스피치나 대인간 커뮤니케이션에서 우리는 과거의 경험들을 통해 스피치를 하기 위한 이야기의 소재로 활용하거나 자신의 선입관과 통찰력을 조화 있게 활용하여 좋은 경청을 하기 위해 활용 할 수 있다.

경청에서의 평가

경청한 내용이 자신에게 흥미 있는 내용이었는지, 자신에게 중요한 메시지를 전달했는지, 그것이 자신이 참석한 이유에 합당했는지 하는 것들을 통해 평가할 수 있다.

경청에서의 평가란 화자의 메시지를 이해하고 받아들이기 위한 과정으로 화자의 메시지는 진정성과 진실성에 대한 가치와 수준을 결정하는데 도움을 준다.

1. 내용

청자는 화자의 메시지 즉, 화자가 이야기 하는 내용을 경청하게 된다. 청중은 몇 가지 방법을 통해 내용을 평가 할 수 있다. 우선 대중을 상대로 한 스피치에서는 경청하기 전 주제의 평가를 한다.

주제의 평가는 청자에게 흥미 있는 주제인지, 자신에게 중요한지, 그것이 자신이 참석한 이유인지 하는 것들을 통해 평가 할 수 있을 것이다. 또한 화자는 청중의 욕구에 필요한 것. 즉 취미, 특별한 흥밋거리, 직업적인 것에 의해 주제를 정하게 된다. 주제의 평가 후 화자가 이야기 하는 메시지의 내용을 평가하게 된다. 이 또한 주제의 평가와 같이 경청한 내용이 자신에게 흥미 있는 내용이었는지, 자신에게 중요한 메시지를 전달했는지, 그것이 자신이 참석한 이유에 합당했는지 하는 것들을 통해 평가할 수 있다.

(1) 분석

청자는 화자가 전달하려고 하는 메시지의 핵심 내용을 분석하게 되는데, 만약 화자가 충분히 메시지의 내용을 범위 지워 났다면 그것을 따라 분석을 하면 된다. 만약에 그렇지 않다면, 청자 스스로 내용의 범위, 즉 본론의 내용을 단락 지어 나열을 하면서 분석을 해야 한다.

(2) 보조도구

우리는 다양한 상황에서 시각적 보조도구를 활용하여 스피치나 대화를 통해 정보를 제공하거나 설득을 한다. 이렇게 화자가 전달하는 스피치에 보조도구가 얼마나 효과적이었고 주제나 전달하려는 메시지의 목적에 얼마나 관련되어 졌는가를 평가 한다.

(3) 조직, 구성

화자는 스피치를 하려는 목적을 갖는다. 이러한 목적을 효과적으로 달성하기 위해서 스피치의 구성을 통해 전달하려는 메시지의 흐름을 만들어 내고 명료화 시킨다. 화자가 전달하려는 메시지의 구성이 잘 되어있고, 분명, 명료한 방법으로 구성 요소를 발표 하였는가를 평가하는 것이다. 즉, 스피치의 도입부에서 청중의 호기심이나 관심을 자극 시켰는지, 대화를 하기 위한 분위기 조성이 되었는지, 서론의 개념, 본론, 결론이 스피치에서 살 구성되어 있는지를 평가한다.

2. 언어와 음성언어

언어의 중요성은 화자의 생각과 정보를 청중에게 전달하기 위한 상호간 소통의 기호라는 것이다. 음성언어는 화자가 선택한 언어를 음성적으로 전달하는 것을 말하며, 화자의 생각이나 감정 등을 전달하는 소리로 표현된다.

(1) 언어

언어는 화자가 사용하는 난어, 숙어, 문장 등을 말하며, 설득적이고 흥미와 관심을 끌 수 있다. 또한 화자를 유능하거나 전문지식이 있어 보이게 하거나 어리석고 무지하게 보이게 하는 결정적 판단근거가 된다.

(2) 명쾌함, 음색의 맑음

화자가 말끝을 흐린다거나 작은 소리로 이야기를 하게 되면 상대방의 이야기가 명쾌하게 들리지 않고 단어가 정확하게 들리지 않아 다시 물어보는 경우가 있다. 대중을 상대로 스피치를 하는 경우에는 자신이 듣지 못한 걸 다시 물어보고 이해할 수 있는 여건이 되질 않는다. 이러한 현상을 막기 위해 화자는 자신이 전달하려는 메시지를 명료하고, 명쾌하며, 음색이 맑은 소리로 청중이 들을 수 있게 해야 한다. 그래서 청중은 경청을 통해서 화자의 음색이나 명쾌함을 평가한다.

(3) 정확성

집중력이란 자신이 하고 있는 상황에 정확성을 갖고자 하는 것이다. 만약 화자는 정확히 말을 하였는데, 청자 자신이 잘못 들었거나 엉뚱하게 지목할 수도 있다. 집중력이 떨어지고 신중하지 못한 경청은 화자의 스피치에 대하여 불확실하거나 잘못된 방향으로 정보를 인식하여 화자가 전달하는 내용을 왜곡할 수 있다. 또한 다른 청중들 보다 이해를 하는데 더 많은 노력과 시간을 소비하게 된다.

(4) 다양성

대중을 상대로 한 스피치를 할 경우 같은 뜻의 여러 단어를 쓰거나 다양한 언어를 사용하는 것은 일부 청중들에게 도움이 되지 않을 수 있다. 또한 재미를 위해 재미있는 단어와 이야기를 많이 하는 것은 청중의 흥미와 관심을 유발 할 수는 있겠지만 청중의 마음을 딴 곳으로 가게 할 수 있어 유의해야한다. 청중은 화자가 적당한 단어의 선택을 통해 다양한 이야기와 적절한 재미를 청중에게 경청을 할 수 있도록 하는가를 평가한다.

(5) 목소리

목소리 즉, 음성을 평가하기 위해서는 음성의 3요소인 음의 강약, 고저, 속도를 잘 활용하는가를 보는 것이며, 그와 함께 음의 쉼과 멈춤, 음율, 음의 흐름 등과 같은 특정한 것에 초점을 맞춘다. 효과적으로 사용된 목소리는 스피치에서 감정적 의미를 불어넣어준다. 청중은 화자의 스피치 내용과 음성이 조화를 이루는가를 평가하게 된다.

(6) 발음

단어들이 명확하지 않거나 정확히 발음을 하지 않는다면 스피치에 대한 청중의 감정은 사라지게 된다. 또한 애매모호한 목소리는 무엇을 말했었는지를 알 수 없게 하며, 멀리 앉아있는 청중들에게 정확하게 단어가 전달되지 않아 스피치에 주목할 수 없게 되어 흘려듣게 된다. 모음이나 입의 모양, 혀의 위치 등 발음을 정확하게 하기 위하여 연습이 필요하며, 강의실과 같은 경우는 강의실의 정면, 맨 앞의 학생과 가까운 거리에 위치하는 것이 좋다. 청중이 외면하거나 좋지 않은 평가를 하는 스피치는 발음이 좋지 않거나 전달이 되지 않는 경우가 많다.

(7) 유창성

유창성은 다음과 같은 특성으로 나누어진다. 다양함과 단음(단조), 머뭇거림(목소리의 멈춤)과 속도(과대한 목소리의 속도)들로 나눌 수 있다. 물론 화자는 이러한 특성을 잘 살려 사용해야 한다.

3. 신체언어

(1) 외향적 평가

위에서 언급했듯이 청중은 다양한 형태로 화자의 스피치를 평가한다. 청중은 언어적으로 스피치의 내용적인 면을 평가하지만, 비언어적으로 화자의 머리 스타일, 옷차림, 몸의 자세, 나이, 피부결, 얼굴표정 등을 평가한다. 특히 비언어적 평가는 청중의 선입견 및 주관적 판단에 영향을 줄 수 있어 호감 도에 영향을 미치게 된다. 청중의 호감 도는 화자의 평가에 중요한 영향을 미치기 때

문에 화자는 외향적 평가도 적지 않은 시간과 노력을 쏟아 부어
야 한다.

(2) 몸의 움직임

화자가 스피치를 하면서 움직이는 것은 어떤 도움을 주는가?
이러한 움직임이 잦으면 부산스럽지 않은가? 우선, 화자의 자연
스러운 움직임 그리고 절제된 움직임은 청중으로 하여금 편안하
게 경청을 할 수 있게 해준다. 화자는 몸의 바른 자세, 효과적인
몸의 동작, 화자의 육체적 장점을 포함한 몸의 움직임, 동작, 몸의
언어를 사용하여 청중의 주의를 끈다. 또한 효과적인 움직임은
감정의 표현에 도움을 주며, 다음 내용으로 넘어가는 부분에서
청중이 인식할 수 있게 한다.

3장
대중 스피치의 준비

3장 대중 스피치의 준비

청중의 분석

우리가 여행을 떠날 때 목적이 어디냐에 따라 버스를 탈지, 기차를 탈지 등의 방법 또한 달라지듯이, 스피치 또한 청중이 원하는 목적에 따라 방향이 달라지기 때문에 '청중분석'은 스피치를 하는데에 있어서 꼭 필요하다.

청중의 분석은 화자가 스피치를 하는 목적을 달성하기 위하여 자료를 준비하는 과정이다. 화자는 목적을 달성하기 위하여 효과적으로 스피치를 실행할 수 있도록 스피치를 구성하고 언어, 음성, 시각적 도구를 활용하기 위한 자료로 청중을 분석하는 것이다.

1. 청중의 크기

자신의 스피치를 어느 정도의 청중들이 들을 것인가? 생각만 해도 긴장이 될 것이다. 보편적으로 청중이 많으면 많을수록 긴장하고 두려움이 생겨날 거 같지 않은가. 청중을 분석하기 위해서 청중의 크기, 즉 얼마나 많은 사람들이 나의 스피치를 들을 것인가는 자신의 스피치를 준비하는데 영향을 미친다.

우선, 청중의 크기는 시각적 도구의 활용을 어떻게 하는 것이 좋은가를 판단하게 해준다. 청중이 많을수록 화자와 청중의 커뮤니케이션이 정교하지 못하기 때문에 시각적 도구를 활용해서 청중의 이해를 높이고 설득력을 높이는 것이 좋다. 적은 청중일수록 화자와 청중의 커뮤니케이션의 활용이 용의하며, 화자의 메시지 전달과 감정의 표현이 보다 효과적으로 전달될 수 있다.

다음은 언어적 및 비언어적 커뮤니케이션의 활용에 차이를 둔다. 청중의 크기가 클수록 형식적이고 의례적으로 될 수 있다. 물론 어떠한 성격의 스피치를 하는 자리인가에 따라 소수의 청중만으로도 형식적이고 의례적인 스피치를 해야 하는 경우도 많이 있지만, 보편적인 상황을 보면 청중이 많을수록 보다 형식을 갖추고 공식적인 스피치를 하는 경우가 많다.

공식적인 스피치의 상황에서 화자는 다, 나, 까와 같은 공식적 어투를 쓰거나, 음성전달 또한 공식적인 톤으로 하게 되며, 소리의 크기와 고저, 강약의 흐름의 폭을 더욱 크게 활용한다. 움직임, 자세, 제스쳐의 활용에 있어서도 청중이 적을 때보다 크게 움직이거나 바른 자세를 유지하고 제스쳐를 크게 사용한다.

2. 청중이 함께 오는 이유

강의, 세미나, 행사, 정당대회, 결혼식 등에 오는 사람들은 대부분 참석하는 이유를 가지고 있다. 대학의 수업에서는 종종 학생들에게 연극을 보게 한다던가, 세미나에 참석하게 한다. 참석한 청중의 일부는 출석을 확인하기 때문에 참석을 했을 수도 있고 관심이 있어서 참석을 할 수도 있을 것이다. 물론 청중의 증가는 보다 다양한 이유가 있다. 참석 하는 이유에 따라 청중은 주의 깊게 경청을 하게하는 될 수도 있고 그렇지 않을 수도 있다는 점에 유의해야 하며, 스피치를 구성할 때 청중들에게 관심과 흥미를 끌기 위해서 전략적으로 접근할 수 있도록 해야 한다.

3. 청중의 종류

(1) 자기개발을 위한 청중

스피치의 내용과 상황에 따라 청중들이 모이는 이유들이 달라지기는 하지만, 자기개발이나 필요에 의해서 참석하는 사람들도 많이 있다. 예를 들면, 취업 아카데미, 공무원 시험 준비를 위한 공개 설명회, 해외 입시 설명회, 성공하는 스피치 전략 특강이나 자신을 업그레이드 시키는 이미지 메이킹 세미나 등 설명회, 세미나, 아카데미, 특강 등 다양한 상황에서 청중들은 자기개발을 위해 참석 한다. 이러한 청중들은 경청을 하려는 의지가 강하고 참여도 또한 높아 화자로 하여금 열정적인 강의를 할 수 있는 힘을 준다.

(2) 수동적인 청중

대부분의 행사에는 많은 사람들이 모이게 된다. 행사를 하는 입장에서는 많은 사람들이 와주길 바라기 때문에 주체 측과 연관된 단체의 회원들을 초대하게 된다. 하지만 청중들의 다수는 어떤 단체의 일원이기 때문에 또는 요구에 의해 타의적으로 참석을 하는 경우가 있는데, 이러한 청중을 수동적 청중이라고 한다. 수동적 청중들은 경청을 하려는 의지가 적으며, 화자의 스피치가 자신에게 큰 도움이 되지 않는다고 생각하는 경우가 많다. 화자의 입장에서 수동적 청중들이 많을수록 메시지 전달에 있어 어려움을 겪게 되고 청중과의 소통이 원활하지 않기 때문에 스피치를 하려는 의지가 상실되기도 한다. 청중의 분석 시 수동적인 청중이 많다는 것을 인지 할 수 있다면 재미와 흥미를 유발할 수 있는 스피치를 준비하는 것이 효과적일 것이다.

(3) 단독의 논쟁에 초대된 청중

때로는 공식적이며 전문적 지식이나 그 분야에 관심을 가지고 있는 사람들이 모인 세미나, 심포지엄, 토론회, 청문회, 컨퍼런스, 전문가 초청 간담회 등의 행사가 있다. 전문가나 그 분야에 연관되거나 관심을 가지고 있는 인물을 청중으로 초대하는 경우, 단독의 논쟁에 초대된 청중이라고 한다. 예를 들어, 국회는 여러 가지의 분야에 따라 위원회가 나누어져 있다. 재정에 관련된 국회의원 및 관련 분야의 공무원들이 국회의 재정에 관하여 미팅을 할 때, 재정에 관련된 교수나 연구 단체들을 초대한다면 초대되어지는 청중은 단독의 논쟁이나 문제에 초대된 청중이 된다.

(4) 단합의 청중

단합의 청중은 자기개발이나 수동적 청중과는 달리 단독의 논쟁이나 문제에 관련된 청중을 말한다. 이러한 청중은 단독의 논쟁에 초대된 청중과는 달리 자신이 그 문제에 관련되어져 있기 때문에 스스로의 참여로 모이게 된 청중을 말한다. 예를 들어, 정부에서 전기요금 누진제에 대한 공청회를 한다고 하면 공청회의 논쟁에 참석한 국민은 합의된 청중으로 보면 될 것이다. 누진세를 내야하는 국민 누구나에게 논쟁이나 문제에 관련되지 않은 사람은 없기 때문이다.

(5) 조직적 청중

조직적 청중은 정부산하의 기관단체, 국회, 보훈단체, 학술단체 연구기관, 대학의 총 동창회, 재단이나 사단법인의 단체 등의 조직적인 단체에 소속된 사람들로 이루어진 청중이다.

스피치와 진행에 있어서 필요한 정보

스피치는 자신이 가진 콘텐츠(생각, 느낌, 정보, 아이디어, 지식, 전달할 내용…)을 상대에게 언어와 비언어로 표현해서 설명하고 설득하여 자신의 콘텐츠를 공유하는 것이다.

1. 상황적인 정보

상황적 정보는 전반적인 스피치와 진행에 있어서 필요한 정보로 청중의 크기, 주제에 관한 청중의 관심도, 주제에 관한 청중의 일반적인 기대, 다른 화자의 섭외에 대한 필요성 등을 포함한다. 이러한 상황적 정보를 얻었다면, 다음의 몇 가지 문제들을 마음속에 새겨 두어야 한다.

⑴ 청중들이 화자의 스피치나 주제에 특별한 관심을 가지고 자발적으로 참석하는가?

(2) 얼마나 많은 청중이 참석할 것인가?

(3) 얼마나 많은 청중들이 주제에 대한 지식을 갖고 있는가?

(4) 화자에 관해 얼마나 알고 있고, 어떤 의견들을 가지고 있는 가?

(5) 청중들은 어떤 종류의 스피치를 기대하는가?

(6) 누군가 화자 전에 스피치를 할 것인가?

2. 통계적 정보

통계적 정보는 상황적 정보를 평가하기 위한 추가적인 도움이 되는 것으로, 스피치의 계획을 검토하기 위하여 필요로 하는 정보이다. 이들 정보로는 성별, 연령, 교육, 결혼여부, 경제적 상황, 직업, 전공 또는 비전공으로 연구한 분야, 정치적 믿음, 종교, 문화적 배경, 취미, 관심분야 등을 포함한다.

(1) 명확한 통계의 특성

* 나이
* 성별, 연령, 교육, 전공, 비전공,
* 문화적 배경(교포, 유학, 해외거주 기간, 나문화 사쪽 등)
* 집단의 입회 (소속된 단체)
* 결혼정보, 자녀들, 가족사항

* 직업, 경제적 상황

* 지역

* 종교

* 취미나 관심사

(2) 어떤 특정한 통계를 활용할 것인가의 결정

어떤 통계들이 스피치를 계획하고 청중을 분석하는데 도움이
되는가를 결정해야 한다.

3. 심리적 정보

청중에 관한 참고적 틀로서, 스피치를 준비하는 과정에서 필요
로 하는 청중들의 심리적 정보들을 말하는 것으로 다음의 정보
를 활용한다.

* 주제에 대한 청중의 태도

* 주제에 대한 청중의 믿음

* 주제에 대한 가치

* 주제에 요구되는 것.

청중의 형태 분석

내가 말하고자 하는 것보다 청중이 관심을 보이는 것을 말한다. 청중들이 관심이 없는 주제는 집중력을 저하시키고 참여도를 낮춘다.

스피치의 구성 전략에 중요한 역할을 하는 정보가 청중의 형태이다. 화자는 청중의 형태를 분석하는 것으로 청중의 태토를 알 수 있으며, 청중의 태도에 맞는 스피치의 준비를 통하여 목적을 달성할 수 있다.

1. 우호적인 청중

우호석인 청중은 화자의 생각이나 의견에 동의를 히고 있어 스스로가 스피치에 즐거움을 기대하고 주의를 기울이거나 스피치에 관심과 흥미를 가지고 있다. 우호적인 청중들의 참여가 많다면 화자는 스피치를 하는 동안 열정적으로 스피치를 할 수 있다.

2. 중립적인 청중

중립적인 청중은 화자의 정보를 습득하거나 설득에 거부감을 가지고 있지는 않으며, 화자의 이야기에 만족할 수 있다. 하지만 언제든지 화자의 스피치에 흥미를 잃거나 비우호적이 될 수 있기 때문에 안심 할 수는 없다. 중립적인 청중은 스스로 자신이 스피치를 듣는 목적에 대해 이성적인 검토와 판단을 하고 있으며, 새로운 정보를 받아 드리려 한다. 이렇게 중립적인 청중을 상대로 스피치를 할 경우에는 논리적으로 스피치를 구성해야 하며, 논쟁이 될 만한 주제를 준비하였다면 이 둘의 측면 모두를 설명하는 것이 바람직하다. 또한 문제와 해결의 구성적 방법을 사용하는 것이 좋다. 중립적인 청중들은 논쟁을 하려 하지 않으며, 반응을 하려 하지 않는다. 다만 사실만을 듣기 원하는 것이다.

3. 흥미 없는 청중

흥미 없는 청중들은 대부분 스피치 주제에 관심이 없거나 자발적으로 참석을 하지 않는 청중이다. 이러한 청중들은 자신의 시간을 소비하고, 재미없다는 생각을 할 수 도 있으며, 왜 참석을 했을까 라는 생각으로 화자의 이야기에 집중을 하지 못하기 때문에 스피치를 준비할 때 신중을 기해야 한다. 그렇다고 청중들이 완전히 스피치에 관심을 갖지 않는다고는 할 수 없다. 왜냐하면 자신이 생각하지도 못하게 화자의 이야기나 정보에 관심을 가질 수 있는 경우가 있기 때문이다.

청중들이 예상하는 스피치 즉, '들어봐야 뻔하지,' '주제가 너무 재미없고 흥미가 없어' 라는 생각을 이미 하고 있는 청중들에게 생각지도 못한 관심과 흥미를 제공할 수 있는 다양한 자료와 시청각 자료들을 준비한다면 언제든 화자가 스피치에 마음을 열수도 있다. 이런 경우, 화자는 스피치를 할 때 청중이 더 친근감을 느낄 수 있도록 언어와 비언어의 사용에 신경을 쓰는 것이 좋다.

4. 적대적인 청중

적대적 청중은 화자와 화자의 주제 모두를 싫어하는 경우이다. 이러한 청중은 화자의 사상이나 생각, 의견 등에 반대의 이견을 가지고 있으며, 화자 자체를 싫어 할 수도 있다. 자신이 좋아하지 않는 정당의 정치인이나 과거 회지에게 편견을 가질 만한 사건이나 적대감 등 안 좋은 경험을 가지고 있을 수 있다. 적대적 청중일수록 시각적 도구의 사용이나 차별화된 스피치 기법을 사용하여 그들의 관심을 끄는 것이 좋은 방법이지만, 쉽게 설득되어 지지 않기 때문에 많은 논리적 준비가 필요하며, 설득의 새로운 패러다임으로 청중이 화자의 주장과 그에 반하는 주장사이에서 무엇이 좋은 선택인지, 좋은 의견의 제시 인지를 알 수 있도록 새로운 정보를 통해 스스로 판단할 수 있도록 하는 스피치를 준비하는 것도 좋다.

청중의 정보수집

청중의 나이, 성별, 직업, 학력 등에 따라 주제와 표현하는 방식도 달라야 한다. '청중은 어떤 이야기를 듣고 싶어 할까? 어떻게 표현하면 좋을까?'에 대한 고민이 좋은 스피치의 준비 자세이다.

1. 스피치 전의 정보 수집

청중의 정보는 다양한 채널을 통해 수집을 할 수 있다. 우선 가장 많이 사용하는 것이 설문지이다. 자신의 스피치를 듣기 위해 참여하는 집단이나 개인에게 설문을 통해서 다양한 정보를 수집할 수 있다. 이러한 수집 방법은 주체 측의 도움이 필요하며, 더 자세한 분석을 하고자 한다면 인터뷰를 하는 경우도 있다. 물론 참석자 전체를 대상으로 설문이나 인터뷰를 하면 좋겠지만 대부분은 통계적인 자료가 필요하므로 무차별 선별에 의해 설문이나 인터뷰로 적정인원을 대상으로 진행하게 된다. 이때 적어도 1주일 전에는 이 과정을 끝내야 한다. 청중의 크기, 조직의 명칭, 자리 배치, 스피치를 원하는 이유, 청중이 주제와 친근한지에 관한 상황적 정보도 주체 측으로부터 정보를 얻을 수 있으며, 통계적, 심리적, 감(성)정적 정보는 설문지를 통해 얻을 수 있다.

2. 스피치 후의 정보 수집

청중의 분석은 스피치가 끝난 후에도 얻을 수 있다. 스피치가 끝난 후에 청중으로부터 의견을 청하는 것으로 추후에 있을 스피치에 도움을 줄 수 있는 자료로 활용하거나 자신의 부족한 부분을 보강하는데 활용할 수 있다. 스피치 후에 화자 스스로가 청중의 일부와 직접적으로 대화를 통하여 의견을 얻어 낼 수 있고, 단순하고, 짤막한 설문지를 나누어 주는 것도 가능하다. 마지막으로 중요한 방법은 스피치를 녹화하여 반복적으로 스스로를 관찰해 나가는 것도 도움이 된다.

시각적인 보조의 힘

청중에게 오랫동안 기억하게 하고 싶거든 시청각 보조자료를 적절하게 이용하면서 말하는 것이 훨씬 좋다. 귀를 통해서 뇌로 통하는 기억력보다 눈을 통해서 뇌로 통하는 신경이 몇배나 강력하고 기억을 오랫동안 유지시키는데도 효과적이다.

스피치를 하는 중에 시각적 보조도구를 사용할 때는 발표나 프레젠테이션, 세미나, 강의 등으로 제한 적일 수 있다. 우리의 생활에서 일반적인 스피치는 대부분 상황에 따른 스피치로 시각적 도구를 활용하는 경우는 많지 않다. 시각적 보조물은 대게 영상이나 그림, 도표 등 화자의 메시지를 청중이 이해하는데 도움을 주거나 설득을 하는데 믿음이나 신뢰를 줄 수 있다.

누구나 자신이 겪은 일에 대한 믿음이나 신뢰가 높게 되며, 자신이 보고 경험해본 것에 대한 믿음과 신뢰가 생기게 된다. 우리는 타인으로부터 이야기를 듣는 것보다 보는 것에 확실한 믿음을 가진다. 때로는, 직접 눈으로 보는 것은 말 보다 더 큰 충격과 영향을 줄 수 있다.

화자는 스피치를 하면서 효과적인 정보를 전달하거나 설득을 위해서 시각적 보조물을 사용하는데, 화자의 스피치와 시각적 보조물은 서로 공존을 하면서 효과적으로 목적을 달성한다. 물론 대부분의 연설은 말을 통해서 하지만, 세미나, 회의, 토론, 토의 등은 시각적 보조물의 알맞은 사용이 더 큰 효과를 준다. 시각적 보조도구의 활용이 주는 효과는 다음과 같다.

1. 청중의 기억력을 증대시킴

효과적인 정보스피치는 청중들이 이해하기 쉬우며, 오래 기억할 수 있게 해주는 것이다. 기억에 오래 남는 스피치를 하기 위해서는 위에서 언급한 바와 같이 스피치와 시각적 보조물의 조화로운 활용이다. 청중은 화가가 말로만 할 때 기억할 수 있는 내용보다 시각적 보조물을 사용했을 때 더 오래 기억한다.

2. 그림 또는 사진의 기억

청중을 어떻게 자극할 것인가? 청중은 화자의 스피치를 듣기 위해 시각과 청각을 열어두고 화자의 말과 행동을 주시할 것이다. 청중의 시각과 청각을 자극하여 기억을 도울 수 있는데, 우리의 기억은 말과 인쇄된 단어를 기억하는 것보다 사진이나 그림과 같은 형상물을 더 쉽게 기억한다는 것이다.

요즘 대부분의 강사들은 동영상을 많이 활용하고 있으며 사진이나 그림 또한 많이 사용하고 있다. 발표나 보고를 하는 화자 또한 메시지를 함축할 수 있는 도표나 그림 등을 많이 활용한다.

3. 원문의 시각정보

인쇄물을 말하는 것으로 스피치의 목적, 개념, 주요소, 등을 인쇄한 것이나, 지도, 차트, 그래프, 다이아 그램, 그림 등과 같은 그래픽 영상의 사용을 말한다.

4. 청중의 빠른 이해력

화자의 메시지는 청중의 이해를 목표로 하는 경우가 있다. 강연, 제품의 사용설명. 수강신청 방법에 대한 설명 등 청중의 이해도를 높임으로써 청중이 해야 하는 일을 불편 없이 할 수 있게 말로만 전달하는 것은 쉽지 않다. 이러한 경우에 청중들이 쉽게 이해하도록 시각적 보조물의 활용을 하여 빠른 이해를 도울 수 있으며, 기억을 할 수 있게 도움을 준다.

5. 강연시간을 단축 시켜 줌

제안된 시간을 사용해야 하는 회의, 세미나, 보고 등을 해야 하는 경우, 시각적 보조물의 사용을 통해 길게 설명을 해야 하는 것을 막고 중요한 핵심적 요소를 정확하게 짚어 줄 수 있다는 점에서 시간의 단축을 할 수 있다.

6. 화자의 신용 또는 믿음을 증대시켜 줌

화자 자신이 전달하는 메시지가 어디에서 나온 정보인지, 정보의 근원 및 근원의 질 등을 시각적 보조물로 사용하여 화자의 신뢰도를 높일 수 있다. 화자의 전문성에 대하여 신용이 낮은 경우, 화자의 신용을 높이기 위해서 청중으로부터 신뢰를 얻을 수 있는 높은 수준의 정보를 활용하는 것이 중요하다.

7. 화자의 긴장감을 감소 시켜 줌

화자의 시각적 도구의 활용은 청중에게 메시지의 이해와 기억에 도움을 주며, 화자 자신의 긴장감을 줄이는데 도움을 준다. 시각적 보조물의 사용 시, 화자는 지시봉이나 보조물을 사용할 수 있는 무언가를 손에 쥐게 된다. 이것은 무언가 나와 함께 있다는 안도감 이라고 할 수 있다. 하지만 이것 또한 자신이 편하게 사용할 수 있을 정도의 연습이 필요하며, 실전과 같이 연습을 하는 것이 좋다. 연습 시 가능한 부드럽고 자연스럽게 사용할 수 있게 해야 한다. 청중의 주의를 방해해서는 안 되며, 청중과의 눈 맞춤을 잊어서도 안 된다.

화자는 청중의 모든 시선을 받게 되어 긴장하게 된다. 긴장감은 시각적 보조물을 활용함으로써 청중으로부터 단 몇 초라도 시선을 떨어트려 주는 효과를 얻을 수 있어 정신적으로 긴장감을 풀 수 있게 해준다. 긴장을 한 나머지 갑자기 머릿속이 텅 빈 느낌으로 다음 내용을 잊을 수도 있고, 무의식 적으로 다음 내용을 잊고 지나 갈수도 있다. 하지만 각각의 요점을 시각적 보조물로 준비해 둔다면 다음의 내용을 잊지 않게 된다.

8. 청중에게 즐거움과 흥미를 줌

많은 사람들이 재미있고 유쾌한 강의나 강연을 듣기 원한다. 또한 지루한 발표나 흥미를 끌지 못하는 발표에 주목을 하기 어렵다. 이러한 이유로 대부분 강의를 하는 사람들의 고충이 여기에 있다. 시각적 보조물의 활용은 이러한 문제를 해결하는 데 도움이 될 수 있다. 유머러스하거나 재미있는 인쇄물이나 재미있고 흥미로운 동영상이나 그림 등을 사용하여 청중의 시선을 자극하고 즐거움과 흥미를 끌 수 있다.

시각적 보조 도구의 효과적 활용

대부분의 경우 사람들은 시각적 자료에 우선 집중하기 마련이다. 잊지 말라. 눈이 가는 곳에 집중도 간다. 눈으로 보면 되는데 굳이 귀를 기울일 이유가 없는 것이다.

우리는 주위에서 무수히 많은 광고, 홍보물을 볼 수 있다. 가히 광고 홍수의 시대에 살고 있다 해도 과언이 아니다. 요즘은 개점 한 가게 앞에서 홍보 전문 도우미들이 노래하고 춤을 추는 모습도 심심찮게 볼 수 있다. 그러나 소비자의 입장에서는 그 어떤 광고보다 그 상품을 직접 보고 구매를 결정하는 것만큼 확실한 방법은 없다. 이러한 확인과정을 통해 어떻게 사용하는지, 어떤 기능을 갖고 있는지, 어떤 성분이 들어 있는지 등등 제품에 대한 궁금증을 풀고 믿음을 갖고자 하는 욕구가 내포된 행동인 것이다.

눈으로 직접 보는 것은 언어보다 더 큰 충격과 영향을 줄 수 있다. 특히 스피치에서 시각적 보조물의 효과적인 사용은 사실적 근거, 개념, 생각 따위를 발표하는 데 큰 힘이 된다. 그러나 과도한 사용은 부정적 결과를 초래할 수 있으니 주의해야 한다.

시각적 보조물의 활용은 자신의 생각을 효과적으로 전달하기 위해서 적절하게 사용한다면 좋은 반응을 얻을 수 있다. 무엇보다 청중의 기억력을 증대 시켜주는 효과적이다. 물론 인상적인 말을 했을 때 기억에 남는 것도 있다. 하지만 전체적인 이야기를 떠올리며 머릿속에서 재생되는 것은 대부분 시각적인 것에 대한 기억이 아닌가 싶다.

듣기뿐만 아니라 필기한 것을 통해서도 기억이 다시 떠오를 수 있다. 하지만 이러한 말이나 글보다는 그림이나 사진, 모형, 도표 등이 더 기억하기 쉽다는 것을 잊지 말자.

시각적인 보조 도구는 청중의 기억에 오래 남고, 무엇보다 스피치의 내용을 이해하는 데 큰 역할을 한다. 인공호흡을 하는 순서, 넥타이를 매는 방법, 종이접기 등은 이야기로만 하는 것보다 그 과정을 차례로 직접 보여주는 것이 훨씬 이해하기 쉽다. 스피치를 하는 당사자 입장에서도 청중을 쉽게 이해시킬 수 있다. 또한 스피치에 소요되는 시간을 단축해 말하고자 하는 중요한 부분에 시간을 충분히 할애할 수 있는 장점이 있다. 정보 스피치, 설득 스피치의 경우에는 신뢰할 만한 자료를 활용함으로써 화자 자신의 신용도를 높일 수 있다.

이 외에도 시각적 보조 도구는 불안감을 감소시키는 데 도움이 된다. 불안감을 느끼게 되면 화자는 청중의 모든 시선에 긴장하게 마련이다. 이때 시각적 보조 도구를 활용하면 청중의 시선을 돌려 긴장감을 풀 수 있다. 불안해지면 무언가에 의지하고 싶어진다. 이때는 볼펜 한 개만 들고 있어도 큰 의지가 된다. 때문에 포인터나 지시봉을 사용하는 것도 좋은 방법이다. 하지만 이것을 사용할 수 있기 전까지 가능한 한 신중하게 선택해야 한다. 무엇보다 그것이 청중의 주의를 방해해서는 안 된다.

파워포인트도 불안감 해소에 도움을 준다. 불안감은 자신이 하고자 하는 이야기를 잊어버리게 하는데, 파워포인트를 활용해 스피치의 구성에 따른 각각의 요점을 정리해놓으면 다음에 할 이야기의 내용을 잊어버릴 일이 없다.

시각적 보조 도구는 또한 청중에게 흥미와 즐거움을 줄 수 있다. 재미있는 인쇄물, 흥미를 끌 만한 기구나 도구 그리고 컴퓨터 등을 상황에 알맞게 사용해 흥미로운 스피치를 할 수 있도록 하자.

경험을 활용한 주제의 선택

자신이 직접 체험한 일이기 때문에 오직 자기만이 구체적이고 생생하게 말하 수 있는 주제를 선택해야 하는 이유가 여기에 있다.

누군가와 말을 하는 이유가 있듯이 대중을 상대로 할 때 또한 목적과 이유가 있다. 강의나 세미나 등 특수한 목적을 지닐수록 그에 따른 주제를 가지게 된다.

1. 주제를 잘 선택하여 목적지를 정하자

필자의 강의 중반부에서는 자유 주제로 스피치를 많이 하게 된다. 그런데 대부분의 수강생은 주제를 선택하는데 많은 시간을 소비한다. 하지만 주제는 멀리서 찾을 수 가 없고 찾았다 해도 좋은 스피치를 만들어 낼 수 없다. 주제는 내가 가장 잘 알고 있는 사실이나, 직업, 취미, 현재의 관심사에서 선택하는 것이 좋다. 또한 자신의 능력을 벗어나는 어려운 주제를 선택해서도 안 된다.

무엇보다 모두가 공감할 수 있는 쉬운 주제를 선택하는 것이 가장 좋은 방법이다. 주제가 너무 광범위하면 스피치의 초점을 정확하게 맞추기가 쉽지 않다. 예를 들면 '건강을 지키는 3요소', '가장 즐겨 먹는 음식 5가지', '추천하고 싶은 여행지 2곳' 등 막연하지 않은 주제를 선택하도록 하라.

대부분의 수강생들은 주제를 선택하는 것에서부터 막히기 시작한다. 그러다보니 스피치의 시작과 내용이 제대로 정리되지 않는 것은 당연하다. 주제를 잘 잡으면 목적이 생기고, 그 목적에 따라 정보 스피치를 할지, 설득 스피치를 할지 결정할 수 있다. 즉, 주제를 잘 선택해야 목적지가 잘 보이고, 그 목적지까지 수월하게 갈 수 있는 방법을 쉽게 찾을 수 있다.

2. 개인적 경험을 바탕으로 한 주제들

개인의 경험은 자신이 가장 잘 알고 있으며 스스로가 그 주제에 대해 열정적으로 스피치를 할 수 있게 할 수 있기 때문에 좋은 결과를 얻을 수 있다.

개인적 경험으로 첫째, 자신의 다양한 경력이나 과거와 현재의 직업을 통해 얻어진 경험, 자신의 전공 등에서 얻어진 경험들을 주제로 사용할 수 있다. 둘째, 특별하게 흥미를 가지고 있는 관심사나 정보로부터 얻어진 경험들을 사용할 수 있다. 셋째, 자신이 취미로 하고 있는 것을 주제로 활용할 수 있다. 취미는 자신이 열정적으로 시간과 비용을 사용하면서 얻어낸 좋은 경험으로 스스로 잘 알고 있는 것이기 때문이다. 이외에도 우리는 다양한 경험들을 통해서 정보와 지식을 얻게 된다. 이러한 정보와 지식을 목록으로 만들어 정리를 해둔다면 언제든지 필요할 때 주제로 사용할 수 있을 것이다.

1) 경험을 활용한 주제의 선택

스피치 수업을 할 때 자신이 선택한 주제를 가지고 정보 스피치나 주제발표를 하게 된다. 대부분의 수강생들은 그 주제를 선택하는데 많은 시간을 들여 고민하는데, 기본 단계에서는 가장 쉽게 이야기 할 수 있는 것을 고르는 게 무난하다. 그래서 필자는 자신의 경험을 바탕으로 한 주제를 선택하라고 권하지만, 처음 접하는 사람들은 그것마저도 쉽지가 않다. 이는 지식이 많고 적고의 문제라기보다 스스로 주제를 선택해서 스피치를 해본 적이 없기 때문에 일어나는 현상이다.

경험을 바탕으로 한 주제는 첫째, 개인의 경력 또는 직업에서 찾을 수 있다. 즉, 자신의 전공, 사회봉사나 단체 활동, 과거 또는 현재의 직업 등에서 오는 경험을 말한다.

둘째, 특별하게 흥미를 가지고 있는 분야에서 찾을 수 있다. 자신이 열정을 갖고 있는 특별한 관심사나 정보를 주제로 선택하는 것이다. 이와 관련해 취미는 가장 쉽게 주제를 고를 수 있는 좋은 토대가 된다. 특히 많은 시간과 돈과 열정을 들이는 취미의 경우는 전문가 못지않은 주제를 선택하는 데 유리하다.

셋째, 간접적 경험에서 찾을 수 있다. 간접적 경험은 다른 사람에게서 들은 이야기, TV, 영화, 독서 등을 통해 얻어진다.

넷째, 자신에게 벌어지는 유일무이한 사건 또는 특이한 일, 인생의 큰 전환점이 되었던 일에서 찾을 수 있다.

주제는 이렇게 다양한 경험을 통해 선택하는 것이 가장 쉽고 좋은 방법이다. 그리고 주제를 글로 정할 때는 하나의 명사로만 짓는 것을 피해야 한다. 예를 들어 '건강', '리더', '성공'이라는 단일 명사는 안 된다. 그 대신 핵심적인 이야기를 할 수 있도록 '건강한 삶을 사는 지혜', '리더가 되기 위한 조건', '성공을 이루는 5가지 핵심 비결' 등으로 정하는 것이 좋다.

주제를 선택할 때는 또한 청중의 관심이나 호기심을 자극할 수 있는가. "청중이 원하는 내용인가", "청중에게 도움이 될 수 있는가", "청중이 그것에 관해 얼마나 알고 있는가", "자신은 그것에 관해 얼마나 알고 있는가" 등을 면밀히 따져봐야 한다. 그리고 주어진 시간 안에 그 주제로 스피치를 할 수 있을지 없을지도 파악해야 한다.

2) 또 다른 경험은 또 다른 스피치를 만든다.

우리는 살아가면서 직접경험과 간접경험을 하게 된다. 그리고 이러한 경험들은 대화를 하거나 다양한 상황에서 스피치를 할 때 효과적으로 사용할 수 있다. 특히 '주의 끌기'를 할 때 청중에게 주제와 관련된 특별한 흥미를 제공할 수 있다.

필자는 스피치를 '응용을 통한 창조의 산물을 만들어 내는 것'이라고 생각한다. 우리가 살고 있는 이 시대는 과거의 산물을 응용한 창조를 통해 빠르게 돌아가고 있다. 마찬가지로 스피치 또한 주제와 상황에 맞게 다른 이야기 거리를 만들어낼 수 있어야 한다.

책을 많이 읽는 것만으로는 말을 잘할 수는 없다. 책을 읽고 얻은 간접경험을 효과적으로 응용하거나 활용할 수 있어야 한다. 필자를 찾아오는 사람 중에는 지식이 많아야 스피치를 잘 한다고 생각하는 경우가 많다. 하지만 지식이 많은 사람이 스피치를 잘 한다면, 학자들은 모두 달변에 강의를 잘해야만 할 것이다. 하지만 현실은 그렇지 못하다, 오히려 그들이 지닌 지식만큼 스피치를 잘 하는 사람을 보기가 힘들 정도다.

그래서 필자는 스피치를 잘 하기 위해서는 기본을 충실히 연습해야 한다고 가르친다. 그리고 스피치를 준비할 때는 자신의 직간접적인 경험을 올바르게 구성해야 한다.

이렇게 스피치 능력을 키워나감과 동시에 다양한 경험을 쌓는 것이 중요하다는 사실을 잊지 말자. 경험은 자신이 이야기 하고 자 하는 주제나 이야기 거리가 될 수 있으며, '주의 끌기'나 실례, 사례 등으로 활용할 수 있는 훌륭한 재료이다.

3. 주제를 활용하기 전에 확인할 것

주제를 선택할 때 몇 가지 확인을 해야 한다. 첫째, 자신이 선택 한 주제가 주어진 시간 안에 스피치를 힐 수 있을지 없을지를 판 단하여야 한다. 만약 주어진 시간 안에 메시지를 전달 할 수 없다 면 좋은 스피치를 할 수 없으며, 자신이 알고 있는 정보를 전달하 기 어렵다. 둘째, 주제를 선택 할 때는 주제에 대한 청중의 관심 과 이해수준을 고려해서 정한다. 청중이 주제에 대해서 전혀 기 본 지식이 없거나 용어가 너무 어려운 주제를 선택할 경우 청중 의 이해와 관심도가 떨어질 수 있다.

셋째, 주제를 선택할 때는 청중이 정확하게 무엇을 기대하고 있는지를 알아야 한다. 경제학의 재정분야인지 회계분야인지 아니면 한국의 경제침체의 원인이라든지 하는 청중의 기대감 이 있을 것이다. 물론 여기서 더 세분화하여 주제를 선택할 수 도 있다.

4. 스피치의 목적

우리가 스피치를 하는 이유 즉, 자신이 스피치를 하는 목적을 갖는다는 것이다. 스피치를 하는 목적은 자신이 대중을 상대로 정보를 전달하고자 하는 목적, 대중을 설득하고 자하는 목적, 대중을 재미있게 하고자 하는 목적, 즐거운 분위기를 만들려고 하는 목적 등 다양한 목적이 있다.

스피치의 초점을 잡기위한 일반적인 목적은 이미 언급한 바와 같이 특별한 상황의 스피치 또는 오락성 스피치, 정보 스피치, 동기부여 스피치, 설득 스피치를 상황에 맞게 사용하는 것을 목적으로 하고 있다.

스피치의 명확한 목적은 스피치의 주제, 구성, 방향을 나타내는 것이다. 스피치의 바른 방향을 제시하고 일반적인 목적에 직접적으로 관계되어 있기 때문이다. 여기에 스피치의 중심적 생각이 들어가는데, 중심적 생각은 이론이나 주장과 명확한 목적으로 나타난다. 중심적 생각은 스피치의 개념 또는 본질적인 정보를 나타내는 것이다. 물론 중심적 생각은 부차적인 부분들의 활용으로 발전할 수 있으나, 이들 부분들은 청중에게 스피치의 개념을 전달할 수 있어야한다.

5. 제목

막상 우리는 어떠한 주제로 스피치를 해야 하는가에 많은 고민을 하게 된다. 스피치의 제목은 신문의 큰 표제와도 같다. 이것은 스피치에 대한 청중의 관심을 자극하는데 큰 역할을 한다. 제목을 선택할 때는 간략함, 적절함 또는 관련여부, 자극을 할수 있는 제목인가의 생각이 수반되어야 효과적인 제목을 만들수 있다.

Source : Freepik.com

4장
스피치의 전달

4장 스피치의 전달

스피치 전달의 방법을 선택

거창하게 시작한 아마추어는 뒷감당을 하지 못하고 허점을 드러내고 가볍게 시작한 프로는 갈수록 상대를 빠지게 하는 깊이가 있다.

우리는 다양한 상황에서 다양한 스피치를 한다. 이렇게 다양한 상황에서 단 한가지의 전달방식으로 스피치를 한다면, 효과적인 활용을 할 수가 없다. 스피치를 하는 장소, 청중의 수, 화자의 상황 등 다양한 상황만큼이나 다양한 전달방식 중에서 상황에 맞게 스피치를 준비하고 전달해야 한다.

1. 스피치 전달의 종류

화자는 자신의 생각이나 정보를 전달하기 위해 시간적 여유나 상황에 따라 4가지의 스피치 전달 방법 중에서 선택을 하여 스피치를 할 수 있다. 스피치를 전달하는 방법으로는 첫째, 불완전 즉흥 스피치, 둘째, 원고를 읽는 낭독 스피치, 셋째, 암기 스피치, 마지막으로 즉흥 스피치로 나눌 수 있다.

(1) 불완전의 즉흥 스피치

다음에 설명할 즉흥 스피치와의 차이점이 있어, 좀 더 이해를 돕기 위해 임의적으로 만든 표현이다. 이 방법은 완전하지 않은 즉흥 스피치로 원고를 읽지 않고 스피치의 요점이나 개요만을 정리하여 사용하는 방법이다. 이 방법은 가장 좋은 결과를 가져 오며, 자신의 생각을 정리할 수 있는 약간의 시간으로 좋은 스피치를 할 수 있다.

TV를 보면, 쇼 프로그램의 진행자들이 손에 진행 순서를 정리한 메모지를 가지고 진행하는 것을 볼 수 있다. 스피치도 그렇게 생각하면 이해가 쉬울 것 이다. 화자가 이야기 하고 싶은 주제의 요점과 구성을 간략하게 카드나 종이에 정리를 하여 사용하는 것이며, 섞이지 않도록 순서를 적어 두는 것이 좋다. 하지만 너무 작거나 혹은 청중에게 방해가 될 정도로 너무 커서는 안 된다. 본인의 경험에 의하면, 세로 7~8cm에서 가로 10cm정도가 적당한 것 같다.

(2) 낭독 스피치

원고를 읽는 방법, 즉 낭독 스피치는 화자가 청중에게 정보를 정확하게 전달할 수 있게는 해주지만, 화자의 음성과 몸의 움직임이 거의 변하지 않고 다양함이 없기 때문에 청중의 주의를 얻거나 집중을 끌기에는 좋은 방법은 아닌 것 같다.

정치인들이 흔히 집회나 전당대회에서 사용을 하는 경향이 있으며, 축사, 환영사, 인사말 등 다양한 상황에서 많은 사람들이 활용하는 방법이다. 사회활동 및 단체 활동을 많이 하는 사람들은 다양한 상황에서 스피치를 하는 일이 잦아지면서 다른 스피치 전달방법 보다 수월한 낭독 스피치를 하는 경우가 많다.

(3) 암기 스피치

암기 스피치의 방법은 써놓은 것을 읽는 것 보다는 정확하게 전달 할 수 없다는 점이 차이점이며, 암기를 하는 경우는 단어하나 스피치의 한 줄 한 줄을 기억해내려 애를 써야 하고, 청중의 기침소리, 움직임, 주변의 상황들과 자신의 몸 상태 등 다양한 변수로 인해 기억의 일부를 잊을 수도 있다는 것이 단점이다. 하지만 전문적으로 스피치를 하는 전문가나 정치인들은 암기 스피치를 통해서 멋진 스피치를 하기 때문에 많은 노력과 실전경험을 통해서 자신의 스피치 기술을 향상시킨다면 성공적으로 암기 스피치를 할 수 있다.

(4) 즉흥 스피치

즉흥 스피치는 준비 없이 실전에서 바로 하는 스피치를 말한다. 이러한 스피치는 화자의 생각을 정리할 수 있는 시간이 없다는 점에서 단점이 될 수 있으며, 긴장을 하게 되어 자신의 생각을 두서없이 전달하게 될 수 있다. 이런 경우에는 잠시 동안이라도 스피치의 윤곽, 시작과 마무리, 주요소와 부 요소 등을 간략하게 정리를 하는 것이 좋다.

스피치의 윤곽을 삽을 시간조차도 허락되어지지 않는다면, 주요소인 본론의 핵심내용 두 가지에서 세 가지 정도만 생각을 하고 되도록 짧고 간결하게 내용을 정리하듯이 스피치를 한다. 강의나 정보 스피치를 전달하는 상황이라면 질문을 이끌어 내는 것이 좋은 방법이다. 또한 인사말이나 축사, 환영사 등 단체의 행사에 참여해서 즉흥적으로 스피치를 할 경우에도 당황하지 말고 대중을 상대로 한 인사나 환영인사, 본론적인 핵심 내용 한 가지나 두 가지, 마지막 다시 행사의 주체 측 및 대중을 상대로 한 인사말의 순서로 스피치를 한다면 쉽게 즉흥 스피치를 할 수 있다.

2. 스피치 전달의 연습

화자는 연습을 통해서 위에 설명한 것과 같이 4가지의 스피치 전달방법들을 숙지하는 것이 필요하다. 친구나 가족 등 주위의 사람들을 상대로 연습을 하는 것도 좋은 방법이며, 거울을 보면서 스스로를 평가하는 방법도 괜찮을 것이다. 또한 자신의 스피치를 녹화해서 보거나 녹음을 해서 들어보면서 연습을 하는 것도 좋다.

3. 스피치를 전달하는 동안

청중의 좋은 반응은 화자의 신뢰도와 함께 증가하게 된다. 화자의 언어적, 비언어적 표현을 포함한 매끄러운 스피치의 전달은 청중으로 하여금 메시지를 보다 빠르게 또는 즉시 받아들일 수 있게 한다. 만약 청중이 화자를 신뢰하고 전문가로서 충분한 믿음을 갖기 위해서는 스피치의 전달과 프레젠테이션을 하는 동안 언어적 및 비언어적 전달과 내용의 전달에 주의를 해야 할 것이다.

스피치 전달의 구성요소 : 준 언어(음성언어)

지식과 정보, 생각을 전달하는 정도에서 끝나는 것이 아니라 충분한 교감도 이뤄져야 한다.
스피치의 교감에 있어서 언어적 요소가 차지하는 비율은 20%미만이다. 오히려 비언어적 요소가 80% 이
상을 차지한다.

준 언어 또는 음성언어라고 한다. 음성언어는 음성전달의 3요
소인 음의 강도, 음의속도, 음성의 변화(고, 저)로 구성된다. 단어들
을 사용하여 음성으로 말을 할 때 음성언어의인 3요소를 활용하
여 전달한다.

1. 음의 강도

음의 강도는 화사가 말하는 소리의 부드러움 또는 큰 소리의
단계를 말하는 것이다. 만약 이 세상의 모든 대화나 말을 평상시
에 친구와 사이좋게 대화하는 식으로 한다면 어떻게 될 것 인가?

아마 의사전달이나 감정의 전달에서 많은 혼란이 올 것이다. 또한 말로 표현할 수 있는 다양성이 없다면, 우리의 삶이 얼마나 식상할 것인가는 애써 설명하지 않아도 이해가 될 것이다.

음성은 화자의 감정을 표현하는 것이다. 우리가 뉴스를 진행하는 앵커가 사용하는 스타일로 평상시에 대화를 한다면 잠시 동안은 재미있어 할 수는 있지만, 멀지 않아 듣기에 좋지 않을 것이다. 또한 불이 낮다고 생각을 해보자, 부드럽고 조용한 목소리로 말을 한다면, 위급함을 표현을 할 수는 있겠지만 사람들은 대수롭지 않게 생각 할 것이다. 대중을 상대로 설득을 할 때 또한 자신의 생각과 논리를 강하게 표현해 줘야 할 때가 있다. 이렇듯 음성의 강도를 통해 다양함을 활용할 수 있다.

2. 음의 속도

음의 속도는 대게 1분에 125에서 175단어의 범위 내에서 이루어진다고 한다. 말을 빠르게 하는 경우는 청중으로부터 빠른 동요 또는 동조를 끌기 위해 사용하며, 청중의 피드백을 보고 정말 화자에게 무언가을 듣고 싶어 하거나 화자의 믿음에 동조하는 느낌이 생기게 되면 화자는 말의 속도가 빨라지고 신이 나게 된다. 말의 속도가 느린 경우는, 다음의 중요한 내용으로 넘어가기 전에 청중을 붙잡기 위해서 또는 청중에게 편안함을 주기 위해서 사용한다. 또 다른 것으로는, 상황에 맞게 쉼을 갖는 것이다. 쉼을 갖게 되면 보다 여유로워 보이고 청중에게 안정감을 줄 수 있다.

3. 음성의 변화(억양)

음성의 변화는 음성의 다양한 높낮이에 있다. 높은 음은 두려움을 나타내기도 하고 낮은 음은 편안함을 나타내기도 한다. 또한 다양한 음성의 높낮이는 화자의 말에 주의를 기울이게 할 수 있다. 표현이 풍부한 목소리는 화자가 말하는 내용에 긍정적인 효과를 얻는데 도움을 주며, 화자의 스피치를 듣기 좋게 만든다. 목소리에 자신이 없는 사람일수록 음성의 변화에 신경을 쓰게 되면 듣기 좋은 소리를 만들어 낼 수 있어 자신감을 얻을 수 있다. 좋은 목소리는 자신이 가진 좋은 소리를 찾아가는 방법이 있겠지만 음성의 변화만으로도 좋은 효과를 얻을 수 있다.

올바른 음성전달은 표현의 전달이다

음성의 전달은 자신의 생각과 감정을 전달하는 표현인 것이다. 음성전달의 3요소를 어떻게 활용하느냐에
따라 여러분의 스피치 구사 능력도 달라질 것이다.

우리는 말을 통해서 우리의 지식과 의도를 전달한다. 음성의
고저, 강약, 빠르기 등을 사용해 자신의 생각이나 감정을 표현하
는 것이며, 여기에 음성의 흐름을 듣기 좋게 만들어 내는 것이 기
술이다.

음의 흐름은 일반적으로 대화에서는 물론 주로 부드러운 표현
을 하는 스피치에서 사용할 수 있고, 강하고 끊김이 많은 스피치
에서는 비교적 덜 사용된다. 음성의 흐름은 음성전달의 3요소를
사용해 만들어내는 것이라고 생각하면 될 것이다.

우리는 음악이 없어도 음을 맞춰가며 노래를 한다. 노래를 부
르지 않을 것이라면 굳이 곡을 붙이지 않을 것이며, 시조를 읊지

않을 것이라면 굳이 음률도 필요 없을 것이다. 다시 말해, 작사만 하면 되고 시조를 쓰기만 하면 되는 것이다. 하지만 노래는 우리가 부르기 위해 가사에 곡을 붙여 만든 것이고 시조는 읊기 위해 음률을 생각해서 지은 것이다.

노래를 못하면 음치라고 하는데, 말을 할 때에도 음치가 있다. 우리의 글, 우리가 이야기하고자 하는 말에는 표현하고자 하는 '무엇'이 있다. 강조를 하고 싶은 것, 드러내고 싶은 것, 주장하고 싶은 것 등 표현하고자 하는 것들을 잘 전달함으로써 듣는 사람으로 하여금 나의 생각과 감정을 잘 이해 할 수 있도록 하는 것이다. 그렇게 하기 위해 우리는 음성의 변화, 강약, 속도 등을 사용한다. 노래를 부를 때처럼 말이다.

음성전달을 잘 하기 위해서는 첫째, '쉼'을 사용한다. 자신의 습관에 따라 말을 빨리하는 경우 또는 말은 천천히 하지만 쉼의 사용이 부족하여 음이 흘러가는 경우가 있다. 이 때 중요한 것이 쉼을 사용해 음의 고저에 흐름을 주는 것이다. 이렇게 하면 앞에 쉼을 가졌던 단어 뒤의 단어는 앞의 음보다 높거나 낮아진다. 대부분은 앞에서 쉼을 사용하는 경우, 뒤의 음이 약간 높아진다. 그리고 강조를 위한 쉼이다. 이때는 자신이 강조하고자 하는 말을 정확하게 강조할 수 있도록 해야 한다. 부드럽게 강조를 할 때에는 앞의 단어 끝을 늘리듯이 쉼을 갖는 것이 좋다. 반면, 뒤를 강하게 강조하기 위해서는 앞의 단어 끝에서 정확하게 멈춰주는 것이 효과적이다. 이렇듯 쉼은 잘 사용하면 좋은 성과를 얻을 수 있다. 말을 빨리하는 사람들에게는 더없이 좋은 방법이다.

둘째, 감정전달에 따라 음성의 길이를 조절한다. 언어에는 각기 표현하고자 하는 바가 있으며, 이것은 감정의 전달과 표현의 효과로 이어진다. 시를 낭독할 때는 연설을 하거나 대화를 할 때보다 감정표현이 더 많아지고 음의 길이가 더 길어진다. 예를 들면, "하늘에 뭉게구름이 떠 있는 아름다운 오후."를 낭독하한다고 치자. '하늘에~'의 '에~'는 이야기할 때 보다 음이 길어지고, '떠있는~'에서의 '는~'도 길어진다. 이것은 다음 구절을 부드럽게 시작하기 위해서 또는 뒷부분을 부드럽게 강조하기 위해서 음을 길게 발음한 경우이다.

스피치 커뮤니케이션을 공부하면서, 나는 한국어도 듣기 좋고 영어같이 부드럽게 들릴 수 있다는 것을 알았다. 악센트 대신 음의 고저를 잘 활용하고, 형용사의 경우 끝말을 약간 내리면서 명사를 수식하면 효과적이고, 부드러움과 강함을 조화롭게 사용하면 음에 흐름이 생겨 듣기 좋아진다는 것이다. 누구나 이런 부분에 관심을 갖고 이야기하면 자신의 음성적 전달 습관을 바꿀 수 있다.

셋째, 상황에 따라 스피치의 빠르기와 소리의 고저, 강약을 조절한다. 상황에 따른 음성의 빠르란 무엇일까? 말이 빨라지는 이유는 자신이 하고자 하는 이야기를 너무 잘 알고 있거나 시간이 촉박해서, 또는 빨리 이야기를 끝냈으면 하는 심적 불안감에서 비롯된다. 그 외에 상대방을 설득하거나 상대방으로부터 빠른 응답을 얻고자 할 때 말이 빨라진다. 물론 다급한 사정이라든지, 화를 낸다든지 하는 다양한 상황들에 따라서도 음성의 빠르기가 조절된다. 특히, 설득스피치를 하는 경우에는 청중의 응답(feed back)에 따라 음성의 빠르기와 고저의 변화를 활용해 감정을 자극하고 마음을 사로잡을 수 있다.

또한 주장을 할 때는 주장을 하고자 하는 분장을 점점 크게 상조하는 경우가 있으며, 주장하고자하는 단어를 강조해서 자신의 주장에 힘을 싣는 경우도 있다. 예를 들면 "비폭력적인 평화적 통일은 세계유일의 분단국가라는 꼬리말을 벗어 던지고 세계의 중심 국가가 될 수 있는 힘이라고 저는 여러분들께 힘차게 외칩니다."는 '세계유일의'부터 점점 음성을 크게 하여 자신의 주장을 강조하고, 마틴루터 킹 목사의 "나에게는 꿈이 있습니다."는 '꿈'을 강조해서 힘을 실어줄 수 있다.

이렇듯 음성의 전달은 자신의 생각과 감정을 전달하는 표현인 것이다. 음성전달의 3요소를 어떻게 활용하느냐에 따라 여러분의 스피치 구사 능력도 달라질 것이다.

스피치 전달의 구성요소 : 신체언어

신체언어. 몸짓, 표정, 손짓 등 신체동작으로 의사나 감정을 표현하는 행위를 말한다. 문화권마다 그 의미가 다르지만 통신의 발달로 만국 공통 몸짓언어도 많다. 가운뎃손가락을 올려 상대방을 경멸하는 행위나, 두 팔을 이용해 하트(♥) 모양을 만드는 것이 그것이다.

신체언어는 눈 맞춤, 얼굴 표정, 제스처, 몸의 자세, 몸의 움직임 등과 같은 비언어적인 표현 및 전달을 말한다.

1. 눈 맞춤, 얼굴 표정

청중과의 직접적인 눈 맞춤은 자신이 말하는 것에 대한 진실성과 확신을 심어 주는데 어느 정도 영향을 미친다. 커뮤니케이션은 곧 소통이다. 스피치를 하면서 화자가 청중과 원활한 소통을 하고 있는지 확인할 수 있는 것이 바로 눈 맞춤이다. 다시 말해서, 눈 맞춤은 청중의 시선을 끄는데 도움이 되며, 반응을 살피는데도 좋은 역할을 한다.

고객과 눈을 맞추지 못하는 영업사원이나 판매원들은 종종 수상쩍고 정직하지 못하다는 인상을 받게 된다. 그들이 실제로는 정말 정직하다 해도 고객이 그렇게 느낄 수 없다는 얘기다. 누군가와 교섭을 할 때는 눈동자를 마주보며 상대의 심리 상태나 감정을 읽어내는 것이 중요하다. 얼굴의 표정은 자기의 감정을 표현하는 일종의 비언어적인 신호이다. 얼굴 표정은 시선을 마주치는 것보다 더욱 직접적이고, 상대로 하여금 재빨리 자신의 감정을 알 수 있도록 하는 수단이다. 반대로 자신의 감정을 숨길 수 있는 수단이 되기도 한다. 이렇게 자신의 감정을 상대가 알아차리지 못하게 하는 것을 포커페이스라고 한다.

찰리 채플린의 영화를 보면, 그가 전달하고자 하는 말을 그의 얼굴 표정에서 충분히 이해할 수 있다. 이와 같이 얼굴 표정은 말로 하지 않아도 좋은 것, 싫은 것, 행복, 평화, 아쉬움 등 다양하게 전달함으로써 자신의 스피치 내용에 힘을 더해줄 수 있다.

2. 제스처

제스처는 우리가 흔히 사용하는 수신호와 같다. 배가 아플 때 배를 움켜쥐는 행위, 날씨가 추워서 얼굴과 손을 문지르는 행위, 아이가 너무 귀여워서 머리를 쓰다듬어주는 행위 등 비언어적인 동작을 말한다.

제스처는 몸의 움직임을 통해 전달하고자 하는 메시지를 강조하는 등 스피치의 흐름에 영향을 줄 수 있다. 사랑을 이야기할 때 양손으로 하트를 만드는 것, 자신의 의지를 강조하기 위해 주먹을 움켜쥐는 것, 메시지의 순서를 정리하기 위해 손가락을 차례로 펴는 것 등도 여기에 해당한다. 하지만 제스처를 남발하거나 메시지 전달에 도움이 되지 않는 지나친 동작은 금물이다. 자칫 청중의 시선을 분산시키고 경청을 하는 데 방해를 줄 수 있기 때문이다.

3. 몸의 자세

우리는 어려서 부모님이나 선생님으로부터 바른 자세로 서고 앉으라는 말을 들었다. 구부러지고, 경직된 자세는 화자가 두려움과 긴장의 상태에 있다는 표시로 보여 진다. 그러나 너무 격식 차린 자세는 청중이 화자와 친근감을 갖지 못한다는 단점이 있지만, 상황에 따라서 적당한 자세가 될 수 있다.

화자는 다양한 자세로 청중의 앞에서 있게 된다. 너무 경직되지 않게 편안한 자세를 취하는 것이 좋다. 예를 들면, 책상이나 탁자 앞에서 앞으로 구부린 자세로 서있는 다던가, 이따금 벽에 기대어 서있는 다던가, 강의대에 기대어 서있다던가 하는 등의 편안함을 유지해야 하는 것이 좋다. 다른 시선으로 보면 건방지고 예의 없다고 할 수 있지만, 이야기를 하는 과정에서의 상황과 맞는 자연스러운 자세라면 괜찮을 것 같다. 하지만 아무리 자연스러운 자세라 해도 삐딱하거나 몸의 균형이 맞지 않으면 보기에 좋지 않다는 것을 명심하라.

4. 몸의 움직임

몸을 움직이는 것은 다른 내용으로 넘어갈 때 사용하는 것이 효과적이다. 예를 들면, 스피치의 다음 내용을 전달하기 위해 다른 방향으로 걸어가는 동작이 여기에 속한다. 청중의 시선을 끄는데 효과적으로 활용할 수 있지만 너무 잦은 움직임은 청중의 주의를 방해할 수도 있다.

비언어 커뮤니케이션의 효과적인 활용

상대방에게 전하는 말뿐만 아니라 평소에 자신이 어떤 표정과 자세로 어떤 어투로 말을 하는지 생각해보고 공간과 시간, 신체 접촉 등 상대방에게 부정적인 인상을 주는행동을 하지는 않는지 점검해보도록 하자.

비언어적 커뮤니케이션의 효과적인 활용에 대하여 몇 가지 규칙을 제안 하면, 창문, 천장, 바닥 등을 쳐다 보는 것을 피하고 청중을 똑바로 보아야 한다. 목소리는 속도, 강도, 음성의 다양함을 통해 감정을 표현해야 한다. 화자가 말한 단어를 강조하기 위해 정확한 신체언어를 사용해야 하며, 제스처의 사용으로 화자가 말한 언어의 전달을 강화해야 한다. 하지만 과도한 제스처는 피해야 하며, 의기양양하게 서야하며, 목각 인형같이 서서는 안 된다. 화자의 움직임은 자연스러워야 하며, 목적이 있어야 하고 청중으로부터 받아들여져야 하며, 화자의 생각을 분명하게 전달하는데 도움이 돼야 한다.

수업을 하면서 느낀 점은 수강생들이 긴장을 해서 손을 많이 움직이거나 너무 경직되어있다는 것이다. 너무 정신없이 손을 움직이거나 위를 쳐다보면서 이야기 하고 청중의 경청을 방해하게 하는 요인들이 많이 보이게 된다. 몸은 노는 것이 아니다. 하지만 잘 못 활용하면 스피치를 방해하는 요인이 된다. 제스처나 움직임은 언어로만 전달했을 때 부족한 부분을 보충하여 더 큰 효과를 주기 위한 것이라고 생각하면 된다.

차인표씨가 '별은 내 가슴에'라는 드라마에서 손가락을 흔드는 모습이 멋지게 보여 손가락을 흔드는 세 유행이 났었다. 이처럼 말보다 제스처가 더 큰 효과를 주는 경우도 있다. 필자는 강의를 할 때 제스처나 움직임은 멋있게 하도록 권한다. 자신의 몸짓 하나하나가 멋있을 때 청중은 사로잡히게 되어있기 때문이다.

1. 온 몸으로 표현해라!

스피치는 말을 통해 자신의 생각과 감정을 표현하는 것이다. 이러한 표현을 하는데 도움을 주는 것이 신체언어이다. 하지만 단순히 움직이는 것이 아니라 열정을 담아 온 몸으로 표현하는 정열이 필요하다. 생각만 해도 가슴이 벅차고 뿌듯한 느낌이 들지 않는가, 멋진 움직임이 주는 감동도 느껴지지 않는가.

근육 하나하나의 움직임을 느끼며 효과적으로 온 몸을 사용하여 표현하도록 해보자. 정열과 열정이 담긴 스피치로 청중의 가

160

슴을 벅차게 하고 감동을 주는 스피치를 할 수 있도록 노력하라. 긍정적인 생각으로 온 몸과 마음으로 표현한다면 누구나 멋진 비언어 커뮤니케이션을 할 수 있다.

스피치는 생각만으로 할 수 없는 작업이다. 생각을 실행해야만 비로소 가능한 커뮤니케이션이다. 그러므로 멋진 동작을 취하고 싶을 때는 자심감을 가지고 실행해보라. 쑥스러워서 못한다는 생각은 성공을 방해할 뿐이다. 실패를 했을 때는 웃어라! 청중이 여러분을 격려해줄 것이다. 성공했을 때는 웃어라! 청중은 더욱 큰 박수로 여러분을 격려해줄 것이다!

2. 오버는 금물 표현은 자연스럽게

표현의 자유라는 말이 있다. 예술적 의미에서 또는 민주주의라는 것을 정의할 때 주로 표현의 자유라는 말을 쓰곤 한다. 말을 하는 것도 표현의 자유이고, 비언어적인 움직임도 표현의 자유이다. 하지만 너무 과한 것은 좋지 않다. 자신만의 자유가 타인에게는 실례가 될 수 있기 때문이다.

특히, 스피치에서는 과한 움직임이나 잦은 제스처 사용은, 그것이 아무리 화자의 자유라 할지라도 청중의 시선을 빼앗고 집중을 방해하는 요인이 된다.

언어적 표현에 비언어적 표현이 자연스럽게 추가될 때 소통이 원활히 이루어지고 그 효과도 극대화시킬 수 있다. 반대로 어색하거나 과도한 움직임은 청중에게 불편함을 줄 수 있다. 그러므로 긴장을 줄이고 편안함을 유지하면서 자연스럽게 움직이도록 해야 한다. 골프에서는 '힘 빼기 3년'이라는 말이 있다. 초보자들은 공을 세게 치기위해 어깨, 팔, 다리에 힘이 들어가게 마련인데, 이 힘을 빼는데 3년이 걸린다는 얘기다. 하지만 3년은 너무 길다. 그 기간을 줄이는 방법은 연습밖에 없다. 연습 앞에 장사 없다. 스피치도 마찬가지이다. 효과적인 전달을 위해 언어와 비언어를 함께 사용하면서 연습하는 것이 가장 좋다. 실전에서 한 번씩이라도 제스처나 움직임, 얼굴의 표정을 적용해보자. 처음부터 많은 것을 바라지는 말라. 서서히 한 걸음씩 나아가다보면 어느 순간 자연스러워질 것이다.

필자는 기본 클리닉 과정을 강의할 때, 음성 전달에 많은 시간을 할애한다. 가능하면 제스처나 움직임을 피하고, 음성으로써 올바른 스피치를 전달할 있게 중점을 두는 것이다. 이후 전문가 과정에 들어가면 즉흥 스피치 위주로 연습을 시키고, 제스처나 움직임에 많은 신경을 쓰게 한다.

우선순위는 낭독을 통한 음성 전달에 수준 이상의 실력을 갖추는 것이다. 그런 후 그것을 좀 더 효과적으로 표현하기 위한 제스처와 움직임을 배워야 한다. 이것이 보다 높은 수준의 스피치를 하기 위한 지름길 이다.

긴장감을 줄이기 위해 항상 언어와 비언어를 함께 사용하면서 연습을 하는 것이 가장 좋다. 실전에서 한번 씩이라도 제스처나 움직임, 얼굴의 표정을 연습하자. 처음부터 많은 것을 바라지 말고 서서히 한 걸음씩 나가다 보면 어느 순간 자연스러워 질 것이다.

필자가 기본 클리닉 과정을 강의 할 때는 주로 음성 전달에 많은 시간을 할애하는 이유는 책을 아무리 많이 본다고 해서 스피치 실력이 크게 늘지 않기 때문이다. 지금 필자가 책을 쓰고는 있지만, 이것은 단지 참고적인 것일 뿐이다. 실전과 같은 연습 한 번이 책을 열 번 읽는 것 보다 효과가 있을 것이다.

3. 효과적으로 움직여라!

우리는 목표 설정을 할 때 성공을 할 수 있다는 확신을 갖고, 성공하기 위해 노력을 할 것이다. 하지만 성공하기 위해서는 효과적으로 계획하고 실행해야 한다. 스피치에서 성공을 원한다면 비언어 커뮤니케이션의 장점을 살리기 위해 효과적으로 움직여야 한다. 언어가 표현하는 것에 힘을 실어 주고, 표현의 느낌을 더욱 더 살려 주는 것이 비언어의 역할이다.

이러한 비언어 커뮤니케이션을 효과적으로 사용하게 되면 청중을 지루하지 않게 하고, 시선을 끌 수 있다. 그러므로 효과적인 움직임을 통해 청중의 분산 된 시선을 잡고, 다음의 내용으로 전환을 하고, 청중과의 거리 조절을 활용하여 친근감을 주도록 하라. 또한 청중에게 가까이 다가감으로써 다른 생각을 하는 사람을 스피치에 다시 집중하게 할 수 있는 효과도 있다. 이렇게 효과적으로 움직임으로써 스피치를 하는 동안 언어로써 청중의 경청 또는 시선을 끄는데 도움을 주어야 한다.

5장
정보 스피치의 이해

5장 정보 스피치의 이해

정보 스피치(Speech to Inform)

정보 스피치는 청중을 설득하려 하지 않고, 자신이 가지고 있는 정보를 청중에게 전달하는 것을 말한다. 자신이 얻은 정보나 잘 알고 있는 분야, 즉 본인의 직업, 취미, 경험들에서부터 이루어지는 스피치이다.

1. 정보 스피치란?

정보 스피치는 우리가 살아가면서 가장 많이, 흔히 하는 스피치이다. 정보스피치는 청중을 설득하려 하지 않고 자신이 가지고 있는 정보를 청중에게 전달하는 것이다. 정보 스피치는 화자의 직업, 공공(公的)의 의무, 취미, 특별한 관심사 등의 다양한 주제로부터 이루어진다.

요즘은 말 그대로 정보화 시대이다. 자고 일어나면 엄청난 정보가 쏟아진다. 책이나 신문을 통해서 많은 정보를 얻었던 시대와는 달리 인터넷은 우리가 원하는 정보를 언제든 얻을 수 있게 해주며, 빠른 시간에 방대한 양의 정보를 얻게 해준다. 하지만 구전으로 전달되는 정보는 인터넷의 정보와는 상관없이 줄지도 변하지도 않는 불변한 정보 전달의 매개체중의 으뜸일 것이다.

정보 스피치는 청중을 설득하려 하지 않고, 자신이 가지고 있는 정보를 청중에게 전달하는 것을 말한다. 자신이 얻은 정보나 잘 알고 있는 분야, 즉 본인의 직업, 취미, 경험들에서부터 이루어지는 스피치이다.

2. 정보는 정보일 뿐

세상에는 우리가 알지 못하는 것이 무수히 많다. 자고 일어나면 바뀌는 것이 세상이고 흘러가는 것이 정보이다. 이런 정보화 시대에 살고 있는 만큼 우리는 다양한 상황에서 다양한 사람들에게 다양한 정보를 전달하는 경우가 많다.

문제는 대부분의 사람들이 '정보는 정보일 뿐'이라고 생각하지 않는다. 그래서 그 정보가 절대적인 것인 양 말하거나 상대가 그 정보에 대해 의문을 갖게 되면 서로 언쟁을 하는 경우가 종종 생긴다. 이것은 상대가 자신이 전달한 정보에 대해 불신을 하거나 반박을 할 때 많이 생기게 된다.

자신은 단지 얻은 정보를 전달했을 뿐인데 상대가 불신을 하게 되면 자신도 모르게 그 정보를 이해시켜 주려하게 되고, 언쟁을 시작하게 되는 것이다. 자신이 얻은 정보를 타인에게 이야기를 하다가 어느 순간 논쟁을 하고 있는 경우를 경험해 봤을 것이다. 정보 스피치는 토론을 하려는 것이 아니다. 자신이 알고 있는 정보를 전달하는 것이 목적이며, 그 이상도 이하도 아니다.

정보란 상대를 설득하는 것이 아니다. 나의 정보를 받아들이는 것은 청중의 선택이며, 그 선택에 강요나 설득, 집착이 들어가서는 안 된다. 정보는 정보일 뿐이다. 그걸 받아들이는 것은 상대의 몫이다. 그러므로 정보 스피치는 자신의 정보를 상대가 잘 이해할 수 있도록 하고 오래 기억 할 수 있도록 하는 것에 초점을 맞추어야 한다.

3. 상대를 분석하면 길을 찾기가 쉬워진다

주제를 통해 정보 전달의 목적지를 설정 했다면, 목적지로 가는 길을 찾는 것이 바로 '구성'이다. 구성이외에 길을 찾는 또 다른 방법은 청중을 분석하는 것이다. 물론 단순히 청중만을 말하는 것이 아니다. 인원에 상관없이 상대를 분석한다면 자신이 어떻게 이야기를 해나가야 할지 길을 찾을 수 있다. 개인의 경우는 성격, 이야기를 하는 스타일(언어 구사의 수준, 음성전달의 형태, 제스처의 사용 유무), 공감대를 형성할 수 있는 주제, 연령, 성별 등을 알아낸다면 전략적으로 스피치를 하기가 훨씬 쉬워진다. 상대가 말을 빨리하는 스타일이라면 어느 정도 상대에 맞추어 스피드를 맞추는 게 좋을 것이다. 그러지 않으면 상대는 짜증을 낼 수 도 있다. 반대로 상대가 차분한 대화를 좋아하는데 이쪽에서 말을 빨리한다면 이것 역시 상대를 짜증나게 하는 일이다.

스피치를 배우고 연습하는 이유가 바로 이것이다. 상대는 나에게 맞추어 주지 못하지만 나 자신은 상대에게 대화의 스타일에 맞출 수 있도록 하는 것이 가장 성공적인 화법이 아닐까 싶다.

청중은 개인의 경우와 달리 더 많은 분석이 필요하다. 우선 청중의 크기를 통해 스피치를 하는 형태를 간음 할 수 있다. 청중이 많을수록 보다 형식적이고 의례적으로 스피치를 하게 되고, 적은 인원일수록 대화를 하듯이 편하게 스피치를 할 수 있을 것이다. 이렇게 어느 정도의 청중인가를 파악하게 되면 강의를 하는 장소와 크기도 자연스럽게 알 수 있다. 장소의 크기와 청중은 긴장감을 높이는 요인이기도 하지만, 그것에 상관없이 새로운 장소는 누구에게나 긴장감을 주기 때문에 미리 강의 장소를 찾아가서 분위기를 익히는 것이 좋다.

대학을 다닐 때 수업 대신 다른 강연회를 듣는 경우가 종종 있었다. 나의 의사와는 상관없이 출석에 포함되기 때문에 어쩔 수 없이 참관하는 경우가 대부분이었다. 물론 그 강의가 유익하거나 관심을 가지고 있었던 분야라면 기분 좋게 참석해서 경청을 했다. 하지만 그렇지 않은 경우는 옆의 친구와 이야기를 하거나 낙서를 하며 시간을 보냈다. 이와 달리 청중 스스로가 관심을 가지고 오는 경우도 있다. 청중이 왜 나의 강연을 듣기 위해 오는지를 알면 준비를 어떻게 해야 하는지 해답이 나온다. 다시 말해 어떻게 하면 알찬 강의를 하고 청중에게 관심과 호기심을 줄 수 있는지 알 수 있다. 그 밖에 청중의 성별, 나이, 고향, 직업, 종교, 교육수준 등을 파악 할 수 있는 통계 자료를 통해서도 그 청중의 태도, 가치, 요구 등을 알 수 있다.

이미 청중의 분석에서 언급했듯이, 청중의 분석은 스피치를 준비하는 자료로 사용할 수 있고, 구성을 하는데 도움이 될 수 있다. 또한 언어 구사, 스피치의 스타일, 보조 도구의 활용 등을 어떻게 할 것인지에 대한 도움을 줄 수도 있다. 청중의 분석은 스피치 전에 만 하는 것이 아니다. 스피치를 시작하기 바로 전과 후에도 청중과의 대화나 질문, 설문을 통해 청중의 분석을 할 수 있다. 뿐만 아니라 다음 스피치를 준비하는 자료로 활용 할 수 있다는 점을 잊지 말아야 할 것이다.

정보 스피치의 형태

스피치의 도입부터 결말의 전개를 정리하는 것으로 스피치의 원활한 흐름을 만들어 주게 된다. 스피치의 구성을 한 후 내용 전달에 도움이 될 만한 시각적 보조물의 활용 및 간단히 정리된 스피치 노트를 준비하는 것이 좋다.

스피치는 정보의 유형에 따라 매우 다양하게 이루어진다. 예를 들면, 강의를 할 때, 길을 안내할 때, 백화점 세일 상품을 알려줄 때, 모델하우스에서 건물의 구조나 기능 등을 설명할 때 등 상황에 따라 스피치의 성격이 달라지는 것이다. 정보 스피치의 형태로는 설명 또는 증명의 스피치와 안내 스피치의 형태로 구별할 수 있다.

1. 증명 또는 설명/강의 스피치

강의나 어떠한 주장을 증명하는 형태의 정보 제공은 새로운 상품을 소개하거나 새로운 서비스를 소개할 때처럼 보다 세부적인 지식과 정확한 목적이 필요한 스피치의 유형이다. 스피치의 형태로는 스마트 폰이나, 자동차, 게임 등 새로운 생산품의 소개, 기업이나 지자체가 지원하는 새로운 서비스의 소개, 인공호흡을 하는 방법, 새로 바뀌는 운영 시스템의 소개 등이 있다. 또한 강사나 선생님들이 불교의 도입 경로를 지도를 활용해 설명하는 것, 생물학에서 동물의 해부도를 보여주는 것, 소화기의 사용법을 순서대로 설명하고 시범을 보여 주는 것 등도 여기에 속한다. 이러한 스피치는 보조 도구를 사용해 쉽게 설명할 수 있는 장점 때문에 프레젠테이션을 많이 하는 회사나 정부, 교육기관이나 협회 등에서 많이 이루어진다. 예를 들면 기획팀의 상반기 성과의 발표, 신도시 계획이나, 수도이전의 계획에 대한 설명, 새로운 학술지에 대한 설명 등을 들 수 있다.

(1) 활용

무언가를 증명해 보이거나 설명을 하는 강의 스피치는 주로 강사나 선생님들이 학습을 위해서 정확한 설명을 하기 위한 경우가 많다. 사진이나 동영상을 활용해 인공호흡법을 설명하는 것, 생물학에서 동물의 해부를 보여주는 것, 소화기의 사용 방법을 설명하기 위해 소화기를 가지고 직접 순서대로 시범을 보여 주는 것 등에 활용한다.

(2) 증명 또는 설명/강의 스피치를 위한 주제

증명 또는 설명/강의 스피치를 위한 주제는 보다 명확한 주제의 선택에 집중을 해야 한다. 또한 이러한 스피치는 시각적인 보조 도구의 사용으로 보다 쉽게 설명하는 것이 좋다. 주제는 정보 스피치를 전달하기 위하여 청중이 이해하기 쉽고 청중의 기억에 오래 남을 수 있도록 하기 위한 목적이나 목표를 설정해 주기 때문에 주제를 명확하게 해주는 것은 매우 중요하다. 그래서 청중의 기억에서 언제든 기억된 정보를 활용할 수 있게 하는 것이 좋은 정보 스피치의 전달 방법이다.

(3) 증명 또는 설명/강의 스피치를 위한 주제 선택

정보 스피치의 주제를 선택할 때 몇 가지 질문에 맞추어 선택을 하는 것이 좋다. 첫째, 청중의 특별한 관심사가 무엇인가?, 둘째, 청중들은 왜 나의 스피치를 듣기 위해 함께 오는가?, 셋째, 청중들의 질문이나 궁금증에 대해 만족시킬 수 있는가?, 넷째, 스피치의 주제에 대한 청중들의 지식은 얼마나 되나?, 다섯째, 청중들이 특별이 희망하거나 요구하는 주제가 있는가?, 여섯째, 청중들은 무엇을 배우길 기대하는가? 등의 질문을 통해 좋은 주제를 선택하기 위해서 접근할 수 있는 단서를 찾아내야 한다.

2. 안내 스피치

안내 스피치는 매우 일반적인 형태의 정보 전달을 말한다. 이
것은 청중에게 전반적인 이해를 제공하는 것이 목적이다. 예를
들어 자동차에 관해 이야기를 한다고 치자. 이때는 자동차를 조
립하는 과정과 동작 원리, 또는 자동차의 역사와 디자인의 변천
과정 등에 관해 일반적인 스피치를 하게 된다.

그러나 자동차의 성능을 분석하거나 여러 가지 실험을 통해 그
것을 증명해 보이는 스피치를 할 때는 보다 구체적이고 명확한
자료를 가지고 청중을 설득해야 한다.

(1) 활용과 차이

정보 스피치의 기본적인 목적은 배움의 진행과정과 같이 청중
에게 지식을 제공하는 과정적인 것을 말한다. 그러나 안내 스피
치는 증명 또는 설명/강의 스피치 보다 더 일반적인 방법이다.
두 형태의 스피치는 암시하거나 의미하는 것이 다르게 존재한다.
폭죽자체는 일자형의 단순한 모양이다. 폭죽이란 그 자체의 정확
한 주제 또는 목적으로 보는 증명 또는 설명/강의 스피치로 생각
하면 될 것이다. 폭죽이 하늘로 올라가 터지면 여러 갈래의 모양
으로 세분화 되어 퍼지게 되는데, 이것을 안내 스피치의 일반적
목적이라고 보면 된다.

(2) 주제의 선택

모든 스피치는 목적을 갖기 위해 주제를 선택한다. 일반적으로 회사들은 대학에서 취업 설명회를 갖는다. 이때 회사는 현재의 경제 상태나 회사의 일반적인 사업 분야, 성장배경에 대하여 설명을 한다. 이러한 일반적인 목적을 가진 스피치를 안내 스피치라고 한다. 물론 우수한 학생들을 자 회사에 많이 영입하기 위해서는 설득의 스피치가 따로 필요할 것이다. 또한 사람들은 역사적인 설명, 목적들, 유리한 입상, 취미, 특별한 관심사 등을 말할 때 정보 스피치를 사용한다. 예를 들면, 케네디 대통령의 일대기, 노점상의 권익을 위한 진취적 변화를 위한 직무, KTX의 이용이 우리에게 주는 변화 또는 이익 등이 있을 것이다.

(3) 안내 스피치의 준비 단계

모든 스피치가 그러하듯, 안내 스피치를 준비할 때도 우선 청중의 분석을 통해서 주제, 정확한 목적, 주요인들을 결정하는 것이 좋다. 결정된 주된 목적인 요인들을 통해 정보를 정리하기 위한 초안을 잡은 후 다양한 정보의 분석과 자료의 조사를 통해 본론의 주된 구성에 대한 기초를 잡고 스피치를 준비하기 위한 전제석 구성의 윤곽 및 스도리의 전개를 준비한다.

스피치의 도입부터 결말의 전개를 정리하는 것으로 스피치의 원활한 흐름을 만들어 주게 된다. 스피치의 구성을 한 후 내용 전달에 도움이 될 만한 시각적 보조물의 활용 및 간단히 정리된 스피치 노트를 준비하는 것이 좋다. 마지막으로 연습이다. 연습은 자신의 스피치를 성공적으로 전달할 수 있게 스피치의 내용에 익숙해지게 하며, 전달력을 높여 줄 수 있다.

정보의 정확성을 위한 주의

우리는 대화를 통해 다양한 정보를 교환하고 삶에 필요한 정보를 효과적으로 활용해야 한다.

1. 정확성

정확성은 정보 스피치에서 가장 중요한 것이며, 정확한 정보를 청중에게 전달하는 것이 생명이다. 불확실한 정보의 전달은 화자의 능력 및 신용에 큰 오점을 남기게 된다. 모든 정보의 사실을 확인하고 검토를 해야 한다는 것을 잊지 말라.

2. 세부항목

세부항목은 종이학을 접는 방법을 발표하고자 할 때 종이학을 만드는 세부적인 단계 및 과정을 설명하고 열거하는 것이라고 할 수 있다. 하지만 세부항목은 주제에 대한 청중의 지식에 따라 약간의 소개만으로도 충분한 경우가 있을 수 있다.

3. 완벽함

스피치에 필요한 세부적인 것들을 모두 적어두고 완벽하게 자료를 준비하는 것이다. 이러한 과정은 선택한 주제와 관련된 부수적인 부분에도 세밀한 주의를 기울일 수 있는 기회가 되며 좋은 결과를 이끌어내는 밑거름이 된다.

4. 명확성

만약 청중이 스피치를 이해하지 못한다면, 아무리 정확하고 완벽한 준비를 했다 해도 스피치의 의도를 강화하는데 도움을 줄 수 없다. 따라서 논리적이고 추론적인 순서의 발표가 요구 된다. 적절하고 명확하게 얻어진 실례, 통계, 시각적 도구, 증거 등은 주제를 명확하게 묘사하여 이해를 하는데 도움을 준다. 물론 유창한 언변도 큰 비중을 차지하는 것은 두 말할 여지가 없다.

5. 구성의 단일성 또는 일관성

이미 언급한바와 같이 스피치의 구성은 스피치를 전달하기 위한 길을 만들어 주는 것이며, 구성을 통해 스피치의 내용이 원활하게 전달되게 하며, 청중들이 화자의 생각이나 정보를 이해하기 쉽게 해준다고 하였다. 만약, 셰익스피어의 생애에 관해 이야기 하려고 한다면, 연대순의 배열을 하는 것이 좋을 것이다. 자동차의 제조에 관하여 이야기 하려고 한다면, 총론적(원칙적)인 오더 (order, 구성요소의 배열에 주안점을 잡는 것)의 사용을 하는 것이 좋다. 말하자면, 주제의 내용에 맞게 스피치를 단일하고 일관성 있게 구성하는 것이 좋다. 물론 상황에 따라 복합적인 구성 방법을 사용할 수도 있다.

보조 자료나 도구

단순히 말로만 스피치를 하는 경우에는 화자의 전달 능력과 청중의 이해 능력에 따라서 화자가 전달한 내용이 추상적일 수 있다. 만약 화자가 전달하는 내용을 보조하고 명백히 할 수 있는 보충 소재나 도구가 있다면 청중들이 보다 정확하고 명확하게 이해를 할 수 있게 해준다.

단순히 말로만 스피치를 하는 경우에는 화자의 전달 능력과 청중의 이해 능력에 따라서 화자가 전달한 내용이 추상적일 수 있다. 만약 화자가 전달하는 내용을 보조하고 명백히 할 수 있는 보충 소재나 도구가 있다면 청중들이 보다 정확하고 명확하게 이해를 할 수 있게 해준다. 또한 명백한 보조의 소재나 도구는 화자의 주장을 증명, 설명, 보강하는데 도움이 된다.

1. 증명, 증거

아리스토텔레스의 "art of rhetoric(수사학의 예술)"에는 증명, 증거를 두 가지로 구별하고 있는데, 첫째는 비예술적 증명이나 증거인 유형적으로 나타나는 육체의 증거나 목격자의 증언 등으로 증명할 수 있다는 것이다. 둘째는 예술적 증명이나 증거는 스피치를 통해 화자의 신용을 높이고 열정적으로 청중을 감동시키고 화자의 스피치 자체의 구성과 논증에 의해 증명되어지는 것을 말한다.

2. 증언, 증거, 공식선언

사실, 통계 또는 실례의 발표는 항상 충분하지 못하기 때문에, 어떤 연구 분야의 전문지식을 갖춘 권위자나, 그 분야의 유명인 또는 전문가, 전문가는 아니지만 그 분야의 연구를 하거나 관심을 가지고 있는 비전문가에 의해 증언, 증거, 공식선언 등으로 다양하게 나타난다. 인용을 해서 사용하는 경우가 많은데 예를 들면, 공자 왈, 맹자 왈, 또는 성공적인 실험의 결과 등의 예를 인용하는 경우이다.

주의 할 점은 스피치의 속도를 느리게 하여 경청을 하는데 있어서 처지는 분위기를 만들면 안 되며, 유머러스한, 흥미로운, 명확한 문구의 사용으로 청중의 관심을 지속적으로 유지시키도록 해야 한다. 화자는 자신이 인용한 것 보다 자신의 생각이 더 들어가지 않도록 하는 것이 좋으며, 인용한 개념 그 자체를 사용하는 것이 좋다.

3. 설명

설명은 스피치의 내용과 길이에 따라 3가지 형태로 나누어진다. 첫째, 짧은 설명은 짧은 시간에 사용하는 것으로 짧은 구, 절, 문장을 사용하여 청중을 이해시키기 위해 사용한다. 둘째, 긴 설명은 긴 문장이나 개인의 경험과 같이 긴 이야기를 하는 것이다. 이러한 이야기는 구체적이고 명확한 세부적 상황을 설명하는 것으로 보다 생생한 언어나 단어를 사용하면 좋다. 예를 들면, 성공한 기업인의 기업운영에 대한 경험이나 운영결과, 보험에 성공한 주부사원의 경험담 등을 생생하게 설명하는 것을 말한다. 셋째, 가설이나 가정에 대한 설명으로 어떠한 사건에 대하여 있음직한 상황을 가정하여 설명하는 것이다.

4. 그 외의 보조 재료

이 외에 스피치를 하기 위한 보조 재료로는 개인의 경험, 비유 또는 비교, 사실, 다양한 수와 조사에 의한 통계, 실제로 보여 지는 실물 등을 설명하기 위해 사용한다.

5. 보조 재료나 도구의 활용

보조 재료의 활용에는 3가지 중요한 기능이 있다. 첫째, 재미와 흥미로운 세부항목의 구성으로 주된 요인을 설명하여 청중의 주의를 유지하는데 도움이 된다. 둘째, 명확하고 정확한 정보의 보조 재료는 청중들이 보다 화자의 생각을 쉽게 이해하고 예상하는데 도움이 된다. 셋째, 화자의 입장을 지지하는데 제공되거나 화자의 주장을 증명한다.

6. 정보의 수집

화자는 스피치를 하기 위해서 다양한 방법으로 정보를 조사하고 수집하게 된다. 정보란 정확성과 명확성을 확보해야 하기 때문에 자신의 정보에 대한 출처를 통해 청중들의 믿음과 신뢰를 높일 수 있는 중요한 준비과정이다.

(1) 인쇄된 소재

도서관 서점 등에서 인쇄된 소재를 찾을 수 있다. 교과서나 인쇄된 소재들의 내용만을 적지 말고, 주서을 달거나 참고 문헌 등의 목록을 작성한다. 인쇄물로는 첫째, 팜플릿으로 간단한 개략이나 초안을 잡는데 도움이 된다. 둘째, 책이나 도서는 우리의 정보수집에 아주 중요한 소재이며 스피치의 본론에서 많은 정보의 내용을 정리할 수 있게 도와준다. 셋째, 잡지나 신문의 조사는 스피치의 주제가 최근에 나온 내용일 경우 많은 도움이 된다. 신문의 경우는 책이나 잡지 보다 더 최근의 이슈에 대해 조사 할 수 있으나 언제나 완벽하거나 정확한 것은 아니다. 넷째, 특수사전, 백과사전은 주제에 대해 친근감이 없는 경우나 가능한 주요인의 윤곽을 완전하게 정리하지 못 하고 있을 경우는 역사사전이나 백과사전 등을 시작으로 조사를 한다면 도움이 된다. 다섯째, 인용서적으로 화자 자신이 참고문헌과 친숙해지려면 Bartlett's Familiar Quotations 이나 Oxford Dictionary of Quotations 등과 같은 인용 서적을 활용하는 것도 좋은 방법이다. 이러한 서적은 단지 인용만을 하고 있는 것이 아니고 유머, 이야기, 명언들도 수록되어 있기 때문이다.

(2) 인터넷

인터넷을 이용해서 광범위한 정보를 빠르게 얻을 수 있다는 것이 장점이다. 단점으로는 교제나 책에 비해서 주제에 대한 내용이 간략하게 정리되어있다는 것이다. 하지만 온라인으로 논문이나 일부 전자책 등으로 볼 수 있어 시간과 비용을 절약할 수 있다.

(3) 인터뷰

보다 많은 정보를 얻길 원하거나, 새로운 정보를 원하는 경우에 직접적으로 연관된 사람이나 전문가와 인터뷰를 하는 것도 바람직하다. 인터뷰는 보다 생생한 정보를 직접 수집할 수 있는 장점이 있는 반면에 많은 정보를 얻기 위해서는 그 만큼의 시간이 필요하다.

(4) 그 외의 수집

그 외의 정보 수집으로 텔레비전, 라디오, 촬영된 사진 등 다양한 방법과 데이터를 활용해서 수집을 할 수 있다. 정보의 수집은 언제 어디서 어떠한 정보를 필요로 할지 모르기 때문에 화자가 관심을 가지고 있는 이슈나 사회, 정치, 문화, 지역 등 다양한 정보를 지나치지 말고 수집을 하는 것이 좋다.

7. 수집한 정보의 기록

화자는 수집한 정보를 활용하기 위해서 정보의 기록을 하는 것이 중요하다. 정보의 기록은 첫째, 소재를 입수하기 위한 준비이다. 둘째, 수집한 정보이 일부분을 인용구나 암기 쉽게 의역을 하여 정리하고 만약 부 전표(post-it)나 카드를 사용할 경우에는 항상 인용부호와 함께 정보를 얻은 근원을 표시해야 한다. 셋째, 완벽

한 근원의 인용 및 주석을 작성해야 한다. 넷째, 저서와 문헌의
목록 작성을 작성하여 기록해 두어야 한다.

정보 스피치의 윤곽

스피치를 잘 하기 위해서는 양질의 콘텐츠를 효과적으로 구성해야 원하는 결과를 만들어 낼 수 있다. 스피치 전에 먼저 청중에 대한 분석이 있어야겠지만 '어떻게 하면 보다 효과적으로 콘텐츠를 전달할 수 있을까?'에 대한 고민이 당신을 멋진 스피커로 변화시킬 수 있다.

아무리 좋은 조사, 건설적인 생각, 최고의 분석, 자신의 삶에서 얻은 경력이나 경험, 취미 또는 특별한 관심사로부터 얻은 지식이라 할지라도 청중이 이해하기 쉽게 스피치를 구성하지 못한다면 좋은 스피치를 기대하기는 어렵다. 이렇게 스피치의 구성은 집을 짓기 위하여 축대를 쌓거나 기둥을 만드는 것과 같다.

1. 스피치 구성의 틀

우리가 글을 쓸 때 서론, 본론, 결론의 세 부분으로 나누어 쓰거나 기, 승, 전, 결의 순으로 쓰게 된다. 스피치 구성을 위해서도 기본적으로 이러한 구성의 형식을 활용하게 된다. 각 부분은 중심적인 목적이나 의도, 생각으로부터 발생하는 주요소들로 세분화되어진다. 스피치를 작성할 때는 우선 일반적인 목적, 정확한 목적, 중심적 목적의 순으로 작성한다.

스피치의 주요 부분을 정리하기 위해 도움이 되는, 잘 정의된 일반적 목적, 정확한 목적과 중심적인 목적이나 생각으로 스피치의 구성적인 양식이다. 서론, 본론, 결론의 세부분을 독립적으로 각각 다르게 구성을 할 수도 있으나, 공통의 목표를 추구하기 위한 일반적인 목적, 정확한 목적, 중심적인 생각에 기반 하여 서론에서 본론, 본론에서 결론의 관계를 잊어서는 안 된다.

스피치를 구성하기 위해 목적들을 열거하는 핵심적인 부분이다. 본문은 두 개에서 5개정도의 로마 숫자(Roman numerals)로 된 주요소를 포함하는 것이 좋다. 그 보다 많은 주요소는 청중에게 정확한 목적을 기억하기 힘들게 할 수 있으며, 화자가 무슨 말을 하는지 혼동하거나 혼란스럽게 할 수 있다.

2. 다음으로의 전환 기술

스피치를 하다 보면 본론에서 주요소를 구성하는 각각의 내용이 잘 연결되질 않아 이야기의 고리가 끊어지는 경우가 있다. 그래서 스피치를 할 때는 첫 번째 내용과 두 번째 내용을 연결해주듯이 각각의 주요소들을 연결해주는 전환의 기술이 필요하다. 어느 정도 구성을 할 수 있는 단계가 되면 스피치의 연결을 통해 내용의 흐름을 매끄럽게 하는 연습이 필요하다.

다음으로의 전환 기술에는 요약, 사전 검토, 지적으로 3가지 형태가 있다. 다음으로 전환하는 방법을 잘 활용하면 청중이 화자의 말을 경청하는데 도움을 줄 수 있고, 내용을 이해하기 쉽게 할 수 있는 상점이 있다.

(1) 요약

요약은 다음의 화재로 넘어가기 전에 청중이 바로 전에 화자로부터 들었던 부분을 다시 한 번 들려주는 것이다. 예를 들면, "지금까지 인터넷 게임이 아이들에게 미치는 영향(간략한 요약 포함)에 대해 말씀드렸습니다. 그럼, 다음은 인터넷 게임으로부터 아이들을 지키는 방법에 대해 이야기하겠습니다." 하는 식의 요약을 하고 다음 내용으로 넘어가는 것이다.

(2) 사전 검토

사전 검도는 앞의 내용을 요약을 하는 것이 아니라, 다음에 이야기할 내용을 간략하게 설명하는 것이다. 예를 들면, "나는 아이들이 인터넷 게임을 많이 하게 되면 다음과 같은 문제가 발생할 것이라고 생각합니다." 또는 "아이들이 인터넷 게임을 많이 하게 될 경우 발생하는 문제점들에 관해 이야기 해보겠습니다."라는 식으로 화제를 바꾸는 것이다.

(3) 지적

지적은 직접적으로 스피치의 어느 내용을 가리키며 청중들의 주의를 이끄는 것으로, 주요소를 지칭할 수도 있다. 예를 들면, "첫째로, 여러분이 지금 필요로 하는...", "마지막으로 본인의 견해로는...", "제가 생각하는...", "문제의 해결 방법으로는..." 등의 표현이 있다.

3. 스피치의 윤곽

스피치의 흐름을 잡기 위해 윤곽이나 개요를 구성하는데 필요한 것들은 이미 설명을 하였다. 여기서는 윤곽에 필요한 것들을 가지고 샘플을 만들 보면 다음과 같다.

일반적인 목적
설명/강의 스피치
정확한 목적
청중들에게 훌륭한 연사가 될 수 있는 방법을 설명하고자 한다.

중심적 생각

홀륭한 연사가 되기 위하여 스피치 전달의 종류를 배움으로써 상황에 맞는 정확하고 명확한 스피치를 하기

서론

I. 여러분도 훌륭한 연사가 될 수 있다.
A. 훌륭한 연사란 무엇인가?
B. 훌륭한 연사는 타고날 수도 있지만, 연습되어진 다.

II. 훌륭한 연사가 되기 위해 필요한 3가지
A. 청중의 분석 및 스피치 전달방법을 이해한다.
B. 시각적 도구나 소재의 사용을 효과적으로 해야 한다.
C. 스피치의 구성을 잘 해야 한다.

다음으로의 전환 : 훌륭한 연사가 되기 위한 방법에 대하여 설명하도록 한다.

본론

I. 청중의 분석 및 스피치 전달의 종류

A. 스피치 형태에 따른 청중의 분석

B. 스피치 전달방법의 이해와 활용

II. 정보/강의 스피치의 활용

A. ....

B. ....

다음으로의 전환 사용

III. 설득 스피치의 활용

A. ....

B. ....

다음으로의 전환 :

IV. 특별한 장소, 상황, 행사의 스피치 활용

A. ....

B. ....

다음으로의 전환 :

결론

I. 훌륭한 연사가 되기 위해서는 상황에 맞는 어떤 스피 치를 할 것인지 선택하여 효과적으로 전달하여야 한 다.

4. 개요노트

개요노트는 스피치를 하면서 중간 중간 볼 수 있게 간략히 성리한 노트를 말하는 것으로 중요한 단어 또는 문장, 구, 절 등에 색이나 밑줄을 사용하여 중요한 내용을 표시하는 것이다.

개요노트에 스피치의 윤곽이나 개요를 모두 정리할 필요는 없으나, 많은 화자들이 개요가 정리된 카드를 사용하고 있다. 대개 세로 4인치(10.16cm), 가로 6인치(15.24cm) 크기로 쉽게 읽고, 볼 수 있으며 인용구를 사용하기 좋다. 위에서도 언급하였지만 본인의 경험으로는 세로 7-8cm, 가로 10cm정도가 좋았던 것 같다. 어느 정도의 크기를 사용할 것인지는 화자 스스로가 결정해도 좋다. 화자가 한 장의 카드로 사용을 한다면 세로 8.5인치(21.59cm), 가로 11인치(27.94cm)를 준비하는 것이 좋다. 상황과 분량에 따라 화자 가 상황에 맞게 적당한 크기로 사용하면 된다.

정보 스피치의 구성

스피치는 내가 가진 콘텐츠를 표현해서 상대방에게 설명하고 설득하는 것이다. 콘텐츠와 구성이 나쁜 스피치는 상대방의 경청을 기대하기 어렵다. 그래서 시간이 지날수록 스피치에서 콘텐츠와 구성이 중요해진다.

1. 스피치의 구성은 길을 만드는 것

필자를 찾아오는 사람들은 이런 말을 많이 한다. "말은 했는데 정작 무슨 말을 했는지 모르겠어요.", "무슨 말을 어떻게 해야 할지 모르겠어요.", "사람들 앞에만 서면 할 말이 생각이 안나요."

사람들은 대부분 자신의 생각을 어떻게 정리를 해야 할지에 대해 많은 고민을 하고 있었다. 그런데 각자 정도의 차이는 있지만, 자신이 어떤 말을 하고 있는지 생각을 하면서 이야기 하는 사람은 거의 없다. 또한 성격이나 상황에 따라서 두려움이나 불안감 때문에 정신없이 이야기하거나 말을 제대로 하지 못하는 경우가 많이 있다. 하지만 자신의 생각을 정리하는 것도 연습을 통해 얼마든지 좋아지며, 그럼으로써 사람들에게 자신의 생각을 명쾌하고 명료하게 전달할 수 있다.

스피치를 구성하기 위해서는 많은 준비가 필요한데, 우선 청중을 분석해야 하며, 청중에게 어떤 정보를 어떻게 전달을 해야 할지 구성해야 한다. 하지만 이것은 단지 큰 틀에서의 이야기이며 스피치를 구성하는 방법에는 다음과 같은 단계가 있다.

우리는 글을 쓸 때 전체적인 흐름을 잡아 주기 위해 서론, 본론, 결론, 또는 기, 승, 전, 결의 순서에 맞춰 쓴다. 물론 스피치도 이런 순서대로 구성하면 된다. 다만 스피치에서는 청중이 자신의 스피치를 경청할 수 있도록 '주의 끌기'를 먼저 해야 하며, 문어체가 아닌 구어체로 작성을 한다는 점이 다르다. 이와 관련해 여기서는 셰릴 해밀턴(Cheryl Hamilton)의 FLOW 기법에 대해 설명하기로 한다. 효과적으로 잘 구성된 스피치를 보면, 생각에서 다음 생각에 이르기까지, 요점에서 다음 요점에 이르기까지 원활한 '흐름 (flow)'이 있다. 다음은 스피치를 잘 구성하기 위한 '흐름'을 말하는 것으로 각각의 머리글자인 'flow'를 따서 FLOW 기법이라고 한다.

F : focus audience attention and interest. (주의와 관심 끌기)

L : lead in to your topic. (서론)

O : organize and support your main ideas with visual and verbal material. (본론)

W : wrap-up or conclude. (결론)

2. 주의 끌기

대부분의 청중은 화자의 이야기를 듣기 위해 자신이 하고 있던 행동을 바로 멈추지는 않는다. 옆 사람과 대화를 하고 있는 경우라면 그 대화를 끝마치려 하고, 무언가 글을 쓰거나 낙서를 하고 있는 경우라면 그 일을 끝내고 나서야 화자의 이야기에 귀를 기울인다. 물론 모든 청중이 그렇다는 것은 아니다. 하지만 화자의 말이 시작되었다고 해서 모든 사람이 자신의 행동을 바로 멈추고 이야기를 경청하는 것은 절대 아니다. 그래서 스피치를 시작할 때, 청중의 '주의 끌기'가 필요하다.

1) 청중의 관심과 주의에 Focus(초점) 잡기

스피치의 시작은 청중의 관심을 어떻게 끌 것인가 생각하지 않을 수 없다. 많은 사람들이 스피치를 시작하는 것에 어려움을 겪고 있다. 어떻게 이야기를 시작할지에 대한 많은 고민을 하게 된다는 것이다. 주의 끌기는 청중의 주위를 끌고 흥미를 유발하기 하는 것이다.

주위 끌기를 하기 위해서 세부적인 예, 짤막한 예, 유머, 인용, 놀라운 사실, 질문, 장소, 주제, 화자, 청중의 언급, 시범, 증명, 무언가 청중 또는 화자와 가까운 것을 언급, 중요성, 이야기, 근접(청중은 자신들과 가까운, 근접한 일들에 흥미를 느낀다. 자신들이 살고 있는 가정을 축으로 근접한 거리에 있는 흥밋거리를 찾게 되며, 미국에서 벌어지는 흥밋거리에는 보다 관심도가 떨어지게 되어있다.) 등 다양한 형태로 사용할 수 있다. 이중 가장 쉬운 것이 '질문'이며, 그 다음이 자신의 '경험담'이다. 이 단계가 지나면 뭔가 다른 요소를 이용하여 관심을 끄는 아이디어가 필요하며, 단순히 유머나 재미있는 이야기로 사람들을 웃기거나 분위기를 좋게 만드는 것만이 '주의 끌기'가 아니라고 생각한다.

여러분도 많은 강의나 연설을 들어 보았겠지만, 강사들은 대부분은 날씨, 청중, 재미있는 이야기, 강연장까지 오면서 생긴 일, 자신의 이야기 등으로 스피치의 시작을 하는 경우가 많다. 그러나 내가 직접 강의를 하면서 느끼는 것이지만, 여기서 중요한 것은 주제와 관련된 관심 또는 흥미를 제공함으로써 스피치의 본론적인 부분을 암시할 수 있어야 한다는 점이다. 그래야만 성공직인 '주의 끌기'라고 할 수 있다. 주로 본론적인 이야기에 흥미를 제공해 줄 수 있어야 성공적인 주의 끌기가 만들어 진다는 것이다.

물론 화자는 서론 부분에서 본론에 대해 언급을 하겠지만 본론에 대한 흥미 제공은 '주의 끌기'부터 시작되어야 한다는 것을 잊어서는 안 된다. 뿐만 아니라 주제와 관련 없는 '주의 끌기'는 자칫 스피치의 흐름을 끊어 이야기가 서론으로 자연스럽게 흘러가는 것을 방해할 수도 있다.

이처럼 '주의 끌기'는 청중에게 좋은 분위기를 유도하고, 화자 스스로에게는 긴장감을 줄이고 시작을 멋지게 할 수 있는 스피치의 훌륭한 구성 요소이다.

2) 청중의 경청을 위한 동기 제공

청중이 자신의 스피치를 경청할 수 있도록 동기 제공해야 한다. 불행하게도 '주의 끌기'만으로는, 특히 농담이나 시선집중만으로는 청중이 계속해서 자신의 스피치를 경청할 거라고 보장을 할 수 없다. 청중은 화자의 스피치를 통해 무언가 얻는 것이 있을 거라고 느껴야 이야기를 경청하게 된다. 다시 말해서, 청중을 위해 어떤 내용의 스피치를 할 것인지를 알려주는 것이 중요하다는 애기다. 이때 필요한 것이 바로 동기 부여이다.

화자는 동기 부여를 통해 자신의 스피치를 들으면 얻는 것, 이익이 되는 점이 있다는 것을 부각시킬 필요가 있다. 그래서 스피치는 화자 중심이 아니고 언제나 청중이 중심이 되어야 한다는 걸 명심해야 한다.

3) 화자의 신뢰도 형성

화자의 신뢰도는 청중의 흥미와 주의를 끌기 충분하다. 또한 이것은 청중이 화자의 정보를 믿고 신용한다는 의미이다. 여기서 말하는 신뢰도란 청중들이 알고 있는 화자에 대한 정보와 신용이다. 화자의 높은 인격과 캐리어는 청중들의 관심을 끌기에 충분하다. 아무리 '전국 노래자랑'이 재미있고 출연자가 노래를 잘한다 해도, 이미 대중의 신뢰를 형성한 인기가수에 대한 관심을 따라갈 수는 없는 법이다. 이렇게 청중들의 흥미를 자극하여 스피치를 경청할 수 있게 해주는 것이 "주의 끌기"이다.

3. 서론(주제의 도입부)

주제의 도입부는 서론 부분을 말하는 것으로 목적이나 배경 그리고 본론에 대한 정보나 흥미를 제공해주는 것이다. 즉, 화자가 정확히 어떤 이야기를 하려고 하는지 청중에게 알려주는 것이다. 만약 청중에게 인쇄물이나 시각 자료 등을 배포하는 경우에는 그 이유나 내용에 대해 약간의 언급을 해주는 것이 좋다.

4. 본론

본론은 스피치의 주된 내용을 언급하는 부분으로 스피치 구성

에서 화자가 전달하고 자하는 핵심내용을 말하는 것이다. 여기서
는 다양한 형태의 구성을 사용할 수 있다.

1) 구성의 형태를 선택하기

⑴ 연대순의 양식

스피치의 주된 요소를 시간, 단계별 순서 또는 날짜 순서대로
배열하길 원한다면 연대순에 따른 양식을 사용하는 것이 좋다.
예를 들면, 역사적인 인물의 일대기, 스피치를 잘하기 위한 교육
단계로, 처음은 아주 정확한 목표, 두 번째로 목표의 나열, 세 번
째로 검토와 하루하루를 기초로 한 성취도에 관한 작업등으로
구성할 수 있다.

⑵ 공간(장소) 또는 지형의 양식

본론에서 주된 요소를 공간이나 지형의 위치를 순서별로 정리
하는 것이다. 예를 들면, 건물의 구성을 설명할 때, 정문은 동쪽에
있고, 비상구는 남쪽에 있다는 식으로 그 위치를 설명하는 것이
다. 아파트나 건물의 모델 하우스에 가보면 안내원이 이런 방법
으로 설명하는 것을 들을 수 있다.

⑶ 관심사, 시사문제의 순서

스피치에서 가장 많이 사용하는 방법으로, 일반적인 목적의 정보나 상대적 또는 실제적 가치가 있는 것을 구성하고자 하는 경우에 사용한다. 자신이 제일 중요하다고 생각하는 순서에 따라 정리하는 것이다. 특히 시사 문제나 이슈의 중요성이나 관심도가 높은 순서로 정리하는 것이 좋다. 이 방법은 즉흥 스피치를 할 때 효과적으로 사용할 수 있다.

(4) 구조와 기능에 따른 구성

'어떤' 구조가 '어떤' 기능을 가지고 있는지에 관해 설명할 때 유용한 방법이다. 예를 들면, 집 안에 있는 많은 구조물, 즉 창문, 대문, 주방 등의 구조물이 가지고 있는 각각의 기능을 설명할 수 있으며, 식물의 전체적인 구조 관찰과 실험을 통해 뿌리, 줄기, 잎, 꽃의 구조와 기능을 설명할 수 있다.

(5) 변증법의 양식

청중에게 질문을 하고, 그에 대한 해답을 증명하는 경우에 해당한다. 청중에게 자신이 하고자 하는 중요한 이야기에 대해 질문하고, 그 질문으로 해답을 이끌어내는 방법이다.

5. 결론

　결론 부분은 'wrap-up' 이라고 하는데, 말 그대로 '요약'하는 것이다. 다시 말해서, 자신의 이야기를 최종적으로 정리하는 것이다. 마지막으로 화자의 생각이나 중요한 쟁점들을 재확인하는 과정이다. 이것은 스피치의 이해와 기억, 종결을 규정하는 것으로 화자의 이야기 중에서 가장 중요한 부분을 재생시키는 작업이며, 청중의 흥미나 관심사를 다시 한 번 불러일으키는 것이다.

1) 핵심내용을 요약하기
　자신의 이야기 중에서 주요소의 요약으로 스피치 내용을 다시 한 번 정리하고, 가장 중요한 부분을 재생시키는 작업으로 청중의 흥미나 관심사를 요약하고 잘못된 해석을 바로 잡을 수 있는 재확인의 기회로 활용할 수 있다.

2) 청중의 흥미를 쟁점으로 잡기
　화자는 청중으로부터 계속적인 경청과 결론의 중요성을 강조하기 위해서 청중이 가지고 있는 흥미나 관심을 마지막 부분에 이슈화 한다. 이때 실제로 있었던 일이나 재미있는 이야기 등을 예로 들어 사용하면서 청중이 흥미를 갖게 할 수 있다.

3) 질문과 답변을 효과 있게 사용하기

질문과 답변의 형태는 화자 자신이 주제에 대하여 정확하게 인식하고 있어야 하며, 어느 정도 청중의 예상 질문에 대하여 파악하고 있어야 한다. 이런 형태를 잘 활용한다면 화자의 신용이나 신뢰도를 높일 수 있고, 보다 흥미로운 결말을 이끌어 낼 수 있다. 효과적인 질문과 답변의 형태를 활용하기 위해서는 첫째, 질문에 대하여 대답하기 전에 각각의 질문을 반복함으로써 청중 모두가 관심을 가질 수 있도록 한다. 둘째, 혼란스럽거나 부정적인 질문에 대해서도 명쾌하고 긍정적인 매너로 대처할 수 있도록 한다. 셋째, 각각의 질문에 대답하기 전에 잠시 생각할 여유를 가진다. 만약 질문에 대한 답을 모른다면, 청중 가운데 누군가에게 답을 물어 보는 것도 괜찮다. 또는 그 질문을 한 사람에게 "좋은 질문을 하셨습니다."라고 말하고, 추후에 답변드리겠습니다라고 솔직하게 말하는 것이 좋다.

4) 마무리

위의 형태 외에도 결론 부에는 요청, 증언, 비교, 인용 등이 있다. 정보/강의 스피치에서는 요청, 증언 등에 설득은 포함하지 않는다는 것을 잊지 말자.

스피치를 잘하기 위해서는 지금까지 설명한 구성 방법을 통해 자신의 이야기가 가야 할 길을 만들어주어야 한다. 길을 반복적으로 또는 습관적으로 가다보면 이내 익숙해지고 편해지게 마련이다. 스피치의 구성도 마찬가지다.

처음 대중 스피치 수업을 받았을 때, 필자는 스피치 작성을 무척 많이 했었다. 구성을 하고 그 틀에 맞추어 스피치 작성을 했다. 많은 시간을 들여 나름대로 멋지게 써보려고 노력했지만 스피치 원고에 늘 교수님께서 수정한 빨간색 글씨가 가득했다. 공들인 노력에 비해 얻는 게 없다고 생각했지만, 갈수록 시간이 단축되었고 내용도 좋아졌다.

이렇듯 구성은 스피치가 올바른 방향으로 갈 수 있도록 길을 만들어주는 것이다. 그 길을 만드는 것은 시간을 투자하고 반복적인 연습을 통해 습관화 하는 것이 가장 효과적이다. 쉽게 얻으려 하지 말라. 귀찮고 어렵겠지만 구성 및 작성의 실전 연습은 여러분에게 멋지게 언제 어디서나 부담 없이 스피치를 할 수 있는 길을 열어 줄 것이다.

6장
설득 스피치의 이해

6장 설득 스피치의 이해

설득 스피치란?

스피치는 어떤 의미에서 보면 모두 설득을 목적으로 한다. 대중을 설득하는 데, 우선 음성의 전달을 자유 자재로 할 수 있어야 한다. 스피치를 할 때의 음성 변화, 감정의 표현, 제스처, 얼굴 표정 등에 신경을 쓰게 한다.

우리의 삶에서 설득이라는 말을 빼고 살 수 있을까? 설득은 우리의 삶의 일부이다. 설득 스피치의 정의를 보면 두 가지 형태로 나타난다. 첫째는 의도적이고 계획적이며, 둘째는 영향을 주는 것에 관련이 있으나 강요나 강제로 얻으려 하는 것이 아니다. 설득 스피치는 수사학에서 출발 하였다. 당시는 설득을 진실성, 감정의 호소, 논리에 의해 설득이 이루어진다고 보았다. 설득은 크게 신념을 바꾸는 것과 행동을 하게 하는 것으로 나눌 수 있다. 과거 영업의 스타일을 보면 무조건 설득을 하려고만 했지만 요즘은 설득 전에 꾸준히 새로운 정보를 제공하고 난 후 설득에 들어가는 형태로 바뀌어 졌다. 개인주의가 만연한 세상에 누군가 나를 자꾸 설득하려 하거나 귀찮게 하는 것을 싫어하기 때문이다. 그렇다면, 어떻게 설득을 해야 하는가? 정말 설득이란 어려운 일이다. 우선 대중을 상대로 설득하기 위해서는 어떻게 하는 것이 좋은가.

대중을 설득하는 데, 우선 음성의 전달을 자유자제로 할 수 있어야 한다. 나는 설득 스피치를 강의 할 때 'Any given Sunday'라는 영화를 보여 준다. 이 영화는 미식축구를 다룬 영화이다. 여기서 경기 전 알파치노의 설득 스피치를 보여 주며 설명을 한다. 영화를 보면서 필자가 강조 하는 것은 한 가지이다. 영어를 이해 못해도 상관없다. 스피치를 할 때의 음성 변화, 감정의 표현, 제스처, 얼굴 표정 등에 신경을 쓰게 한다.

내용도 중요하지만 우선 스피치를 자유자제로 할 수 있어야 한다. 이것이 안 되면 설득 스피치의 전달에 있어서 효과가 감소한다. 물론 인간시대라는 프로그램에서 보듯이 자신의 마음에서 우러나오는 진정성 있는 사람들의 이야기는 마음을 동요시키거나 감동을 줄 수 있다. 하지만 모든 설득은 그렇지만 않다. 나와 다른 생각을 가진 사람, 조금 더 행동을 할 수 있도록 하기 위해 설득하기란 그리 싶지 않다.

설득 스피치의 정의를 보면 두 가지 모습으로 나타는데 첫째, 설득은 의도적이고 계획적이며, 둘째, 영향을 주는 것에 관련이 있으나 강요나 강제로 얻으려 하는 것이 아니다.

1. 설득과 정보 스피치의 차이

설득과 정보 스피치의 가장 다른 점은 결론에 있다. 청중을 설득하려 하는 가, 아닌가의 차이다. 또한 정보 스피치는 설득 자체가 없으나 설득 스피치에는 어느 정도의 정보 또는 소개가 있어야 한다. 정보는 청중이 화자의 생각에 동의를 해야 할 필요가 없으며, 무언가 화자가 원하는 행동이나 행위를 해야 할 의무도, 필요도 없다. 다만 정보를 얻은 청중의 의지로 정보를 활용 할 수도 하지 않을 수 도 있다.

화자가 설득 스피치를 하는 이유와 목적은 청중의 변화를 원하기 때문에 청중을 설득하려하는 의지를 가지고 있어야 한다. 설득 스피치가 정보/강의 스피치와 다른 4가지 점은 다음과 같다.

1) 보조 도구 또는 소재의 필요

정보/강의 스피치의 경우도 스피치에 필요한 보조 도구 및 소재를 사용하지만 설득 스피치의 경우는 화자의 주장을 증명할 수 있는 보다 많은 보조물의 사용으로 증거나 증언, 주장에 대한 시현 등이 필요하다. 그래서 설득 스피치는 정보 스피치 보다 전문가의 의견, 통계, 간단하고 세부적인 사실적 실례, 사실에 입각한 꾸밈없는 비교 등이 활용된다.

2) 언어와 스타일

설득 스피치는 정보/강의 스피치에 비해서 보다 감정적이고 논리적인 단어의 사용으로 청중의 감정 변화를 끌어낸다. 또한 감정 언어를 전략적으로 사용함으로써 청중에게 화자가 전달하고자 하는 감정의 표현이나 청중으로부터 어떠한 감정을 느끼게 해서 설득력을 높일 수 있도록 하기 위한 효과적인 언어를 사용하는 것이 중요하다.

3) 전달

설득 스피치는 정보/강의 스피치에 비해 언어적, 시각적, 다양한 목소리의 전달이 보다 중요하게 작용된다. 화자의 믿음과 신용은 청중과의 눈 맞춤, 말하는 빠르기, 음율, 음성의 질과 다양함 등으로부터 영향을 받게 된다.

4) 구성의 형태

정보/강의 스피치는 구성의 형태(연대순의 양식, 공간이나 장소 또는 지형의 양식, 관심사, 시사 문제와 같은)에 관하여 청중으로부터 편견이나 선입견 없이 정보를 제공한다.

2. 설득 스피치의 형태

설득 스피치는 다음과 같은 두 가지의 형태로 구분한다.

1) 확신이나 납득을 위한 스피치

누군가 믿음의 변화를 주기 위해 설득을 하려고 하거나 자신이 생각하는 방법에 동의를 얻어 내려는 사람들의 일반적인 목적이다. 개개인은 태도, 믿음, 그들의 생각에 영향을 주는 것, 행동의 체계가 조직 되어있으나 그들이 모두 똑같은 세기나 강도의 체계를 가지고 있지 않다. 그래서 약한 태도, 믿음 또는 가치를 가지고 있는 청중의 마음을 변하게 하는 것이 쉬우며, 강한 태도, 믿음을 가진 청중을 설득하는 것이 어려운 것이다.

2) 실행, 행동을 하게하는 스피치

청중에게 행동이나 실행을 요구하는 스피치이다. 물건을 구입하는 것, 서울시의 문화행사에 참석하게 하는 것, 불우이웃 돕기 행사에 자원봉사로 참여하게 하는 것과 같이 청중의 행동을 요구하는 스피치이다. 그래서 설득 스피치는 화자가 청중들에게 무언가를 계속하게 하거나 무언가 하고 있는 걸 멈추게 하려한다. 때로는 무언가를 절대 시작하지 못하도록 자극 또는 역설할 수도 있다.

설득 스피치의 단계

설득 스피치는 우선 어떤 주제를 가지고 어떤 결과를 얻으려고 하는 것 인지부터 결정해야 한다. 효과적으로 설득 스피치를 하기 위해 다음의 단계 순으로 자신의 스피치 목적과 형태에 맞게 준비를 하는 것이 좋다.

타인을 설득한다는 것은 정말 어려운 일이다. 단순히 자신의 생각을 이야기하는 것도 어려운데, 하물며 설득을 해야 한다는 것은 스피치에 자신감이 없는 사람에게는 부담이 될 수밖에 없고, 어떻게 이야기를 시작해야 할지도 막연한 게 사실이다.

설득 스피치는 우선 어떤 주제를 가지고 어떤 결과를 얻으려고 하는 것 인지부터 결정해야 한다. 효과적으로 설득 스피치를 하기 위해 다음의 단계 순으로 자신의 스피치 목적과 형태에 맞게 준비를 하는 깃이 좋다.

1단계 : 주제, 위치 또는 입장, 성명 또는 진술, 스피치의 형태의 결정

(1) 주제의 선택

설득 스피치의 주제는 논쟁의 여지가 있는 것 또는 자신에게 무언가 강력하게 다가오는 것을 선택하는 것이 좋다. 설득 스피치의 주제를 선택 시에 몇 가지 주의를 해야 할 것이 있다. 첫째, 지시된 요구에 적합한 주제를 선택함으로써 이미 화자와의 생각이나 이념이 다를 사람들이 모여 있는 집단을 상대로 설득을 할 수 있는 주제가 있어야 한다. 둘째, 논쟁의 여지가 있는 주제를 선택하며, 셋째, 어떠한 문제에 있어서 자신의 이념과 생각이 강하게 느껴지는 주제의 선택을 해야 한다. 넷째, 가능하다면, 자신이 많이 알고 있는 것을 주제로 선택함으로써 상대를 설득할 수 있는 논리적 기반을 마련한다.

(2) 자신이 지지하는 입장의 진술에 대한 결정

자신이 지지하는 입장의 진술은 세 가지로 나눌 수 있다. 첫째, 사실의 진술은 무엇이 진실인지 아닌지를 청중에게 설득하기 위한 증거나 사실을 내놓기 위해 그 사실을 지적 또는 제시하는 것이다. 예를 들면, "원자력은 대체 에너지이다.", "방사선에 노출되면 건강에 좋지 않다"는 사실에 대한 증거를 말하는 것이다. 둘째, 가치의 진술은 무엇(윤리, 현명함, 아름다움 등)이 좋은지 아닌지를 설득하기 위한 증거나 사실, 주장을 내놓기 위해 그 가치를 지적 또는 제시하는 것이다. 예를 들면, "의학적 실험에 동물을 사용하는 것은 도덕적이지 못하다"라는 것은 가치에 기준을 둔 진술이라고 할 수 있다. 셋째, 정책의 진술은 해야 할 것과 하지 말아야 할 것을 설득하기 위해 지적 또는 제시하는 것이다. 예를 들면, "담배광고는 텔레비전 광고에서 금지 되어야 한다.", "약이나 약품은 법률화, 합법화해야 한다."라는 정책에 기준을 둔 진실이다. 이렇게 사실, 가치, 정책의 진술에 대한 자신의 입장에 입각해 진술을 결정해야 한다.

(3) 스피치의 형태 결정

청중이 단순히 화자 자신의 입장에 동의하기를 원하는지, 아니면 행동이나 실행에 나서기를 원하는지에 따라 스피치의 형태를 결정해서 목적에 맞는 스피치의 준비를 할 수 있어야 한다.

2단계 : 자신의 입장과 의지에 대한 청중의 태도 분석

정보 스피치에서 청중의 분석이 중요하듯이 설득 스피치에서는 청중의 태도를 분석하는 것이 중요하다. 청중의 어떤 입장이나 얼마나 확고한 의지를 가지고 있는지는 설득의 방법을 선택할 때 매우 중요하다.

설득 스피치에서 청중의 태도를 분석 시 첫째, 현재 청중들의 의견이 화자의 신용이나 진실성에 대한 믿음이나 의견을 같이 하는가, 그렇지 않은가? 무엇이 나의 진실성을 높일 것인가? 둘째, 청중의 마음속에 주제에 대한 화자의 입장이나 의지에 관련된 어떤 믿음이나 가치가 이미 존재해 있는가? 논쟁에 필요한 청중의 믿음과 가치를 어떻게 활용할 것인가? 셋째, 논쟁에 필요한 청중의 기본적인 요구 또는 욕구 즉, 메슬로우의 욕구단계(Maslow's hierarchy of needs)에서 말하듯이 생리적, 사회적, 자존심, 안전, 자아실현의 욕구는 무엇인가? 넷째, 여론 조사를 통해 청중의 믿음과 가치의 기준, 에 대한 태도를 알 수 있다. 다섯째, 동의 또는 믿음의 범위 또한 여론 조사를 통해 알 수 있다. 여섯째, 청중의 반대 의견 또한 여론 조사를 통해 알아볼 수 있다. 예를 들면, "나는 정부가 경제에 대해 보다 많은 노력을 기울여야 할 때라고 생각한다." 라는 것에 (1) 강력히 반대한다, (2) 반대한다, (3) 별다른 의견이 없다, (4) 동의한다, (5) 강력히 동의한다. 등의 리커트 척도(likert scale)로 조사를 함으로써 화자가 필요한 만큼의 사전지식을 여론조사를 통해 얻을 수 있을 것이다.

3단계 : 주요소와 가능한 보조 도구 및 소재의 윤곽이나 개요를 작성하기

청중을 효과적으로 설득하기 위해서 어떤 보조 도구나 소재를 사용해야 할지 조사하고, 그것을 어떻게 활용할 것인지를 결정하는 단계이다. 설득 스피치는 논리적 근거를 바탕으로 한다. 그래서 주요소를 보조해주거나 증거나 증명으로 활용할 보조 도구의 활용과 전체적 스피치의 윤곽을 집어서 설득을 할 수 있는 틀을 만들어야 한다.

4단계 : 주제에 대한 조사

효과적인 설득 스피치가 되려면 주제의 선택에 신중해야 한다. 주제를 선택하기 위해서는 첫째, 보조 도구 및 소재를 조사하고 둘째, 자신의 입장이나 주장에 반대하는 것들에 대하여 조사한다. 셋째, 주요한 청중의 반대의견에 대한 응답을 조사한다. 넷째, 부가적으로 도움이 될 만한 것들을 조사하는 것이 좋다.

5단계 : 이떻게 주요소들을 최고로 구성할 것인지 결정

자신의 입장과 청중에 대한 분석과 조사로 얻어진 자료를 이용해 상대를 효과적으로 설득할 수 있도록 최고의 구성을 하는 것이다.

6단계 : 이미 작성한 개요나 윤곽을 스피치를 준비하기 위한 개요나 윤곽으로 확대 작성

실전에서 활용할 수 있는 구체적 스피치의 작성이다. 이미 작성된 개요나 윤곽으로 구성의 방향을 선택하였다면 구체적으로 확대 작성함으로써 실효성을 높일 수 있도록 한다.

7단계 : 스피치의 초점, 도입, 결론 부분의 개발

각각의 구성된 서론, 본론, 결론 부분의 개발을 통해 세부적으로 구체화 하는 작업이다.

8단계 : 스피치는 감정에 바탕을 두어야한다

설득 스피치는 감정의 전달이다. 상대의 감정을 자극하는 것이 중요하기 때문에 언어와 비언어의 활용에 신경을 써야한다.

9단계 : 보조 도구나 소재, 스피치의 개요나 윤곽을 작성한 노트나 카드의 준비

화자가 실전에서 스피치하기 위해 필요한 개요 노트를 작성한다. 이미 개요노트의 필요성은 설명한바 있다.

10단계 : 스피치의 연습

특히 설득 스피치는 감정에 바탕을 두어야 하며, 청중의 마음을 사로잡아야 하기 때문에 실전과 같이 연습하는 것이 중요하다.

설득의 방식

설득 스피치는 우선 어떤 주제를 가지고 어떤 결과를 얻으려고 하는 것 인지부터 결정해야 한다. 효과적으로 설득 스피치를 하기 위해 다음의 단계 순으로 자신의 스피치 목적과 형태에 맞게 준비를 하는 것이 좋다.

설득은 이성적이기보다는 감성성적 자극에 더 효과적이다라고 한다. 이렇듯 청중이나 상대의 감정을 자극하는 것은 설득에서 매우 중요한 방법이라고 할 수 있을 것이다. 아리스토텔레스는 상대방의 마음을 움직이는 3가지 방법을 정의하였다.

1. 이토스(ethos)

이토스(ethos)는 화자의 신용이나 진실성을 말한다. 화자의 신용은 스피치를 하는 동안 화자의 지식, 인격, 호의에 대한 지각의 전개를 말한다. 여기서 인격은 화자의 진실함이나 믿음에서 오는 정직함을 말하며, 호의나 친선은 청중의 경험과 유사하게 생각되는 화자의 경험이 친근감 있게 다가오는 것을 말한다.

2. 파토스(pathos)

파토스(pathos)는 감정의 호소를 말하는 것이다. 감정의 호소를 통해 청중을 사로잡는 것이다. 파토스는 화자의 단어 선택과 비언어적 동작에 의해 나타난다. 공감이나 경청을 할 수 있는 동기 유발을 자극하여 감정에 호소하는 것이다. 여기에서도 매슬로우 욕구 단계(Maslow's hierarchy of needs)를 자극하는 것이 필요하다.

3. 로고스(logos)

로고스(logos)는 논리적 주장이나 근거를 통해 설득하는 것을 말한다. 연역법과 귀납법의 논리적 주장으로 첫째, 연역법은 일반적인 결론으로부터 특정한 사건이나 문제로의 추론이며, 둘째, 귀납법은 특정한 사건이나 문제로부터 일반적인 결론으로의 추론이다. 또한 유추의 추론과 원인의 추론을 말할 수 있는데, 유추의 추론은 설명을 명백하게 하기 위해 활용한다. 원인의 추론은 증명을 위하여 활용한다.

증거의 사용과 논리적 기술

상황에 맞추어 증거를 올바르게 사용하고, 논리적인 기술을 활용해 자기의 주장을 펴라. 그러면 상대를 더욱 쉽게 설득할 수 있을 것이다.

1. 증거 제시의 기술

믿음이나 신뢰 없이 상대방을 설득하는 것은 힘든 일이다. 설득 스피치는 무엇보다 화자가 주장하는 입장이나 의견에 대한 증거를 제시하는 것이며, 논리적으로 그 증거를 제시하고 설명할 수 있어야 한다. 상대에 따라 자신의 주장을 논리적으로 설명하고 증거를 제시하면 자신의 스피치를 성공적으로 펼칠 수 있고, 빠른 시간 안에 효과를 거둘 수 있을 것이다. 기술이 필요한 설득 스피치는 더욱 증거의 사용이 중요하며, 논리적으로 증거를 제시하고 설명해야 한다.

다음은 셰릴 해밀턴(Cheryl, Hamilton)이 주장하는 '성공적인 대중 스피치'를 위한 증거 제시 방법에서 보면, 다음과 같이 증거를 제시한다.

그 첫째는, 주장-증거-근원의 순서로 기술하는 것이다. 이것은 자신의 주장에 필요한 증거를 보여주고 그 증거의 출처를 제시하는 순서로 활용하는 방법이다.

둘째는, 주장-증거의 순서이다. 자신의 주장을 뒷받침 할 수 있는 증거를 제시하는 순서로 기술하는 것이다.

셋째, 주장-증거-근원, 근원의 질의 순서이다. 첫 번째 기술의 방법에 근원의 질을 더 해주는 형태로 근원의 질적인 수준에 따른 청중의 믿음이나 신뢰도가 높아 질 수 있다.

넷째, 주장과 직접 얻은 경험이다. 자신의 주장을 직접 체험한 경험으로부터 진술하는 기술이다.

청중의 분석으로 얻어진 청중의 태도, 입장으로부터 증거제시 방법을 선택 할 수 있다. 위에 제시한 방법들 중 두 번째 방법이 가장 적게 설득되어지는 방법이며 네 번째 방법이 가장 설득력이 높은 방법이다. 청중에 대해 잘 모르거나 청중이 화자와 다른 생각을 가졌다면 셋째와 넷째의 방법이 효과적이고, 청중에 대해 아는 경우나 화사와 비슷한 생각을 가지고 있을 경우에는 둘째와 넷째의 방법을 사용하는 것이 효과적이다. 그러므로 상황에 맞추어 증거를 올바르게 사용하고, 논리적인 기술을 활용해 자기의 주장을 펴라. 그러면 상대를 더욱 쉽게 설득할 수 있을 것이다.

2. 화자의 입장 또는 주장에 대한 한쪽 또는 양쪽의 언급

화자는 증거를 사용 할 때 중요한 결정을 하게 된다. 화자의 입장을 보충하거나 지원할 주장만을 발표하거나 설명을 한 후에 자신의 주장에 반대되는 입장에 반박만을 하는 경우도 있으며, 주장과 반박을 모두 언급 할 수도 있다.

화자의 입장에 대한 언급에는 첫째, 화자의 주장이나 입장에 이미 동의한 청중일 때 논증에 대한 화자의 입장만을 발표한다. 둘째, 청중이 화자의 주제에 대해 모르는 경우나 청중의 즉각적인 행동을 원하는 경우에는 다른 주장이나 입장에 대해 이야기들을 기회가 적었을 청중에게 지금 거론된 논증에 대한 화자의 입장만을 발표한다. 셋째, 청중이 화자의 주제에 관해 충분한 지식을 가지고 있거나 알고 있는 경우, 화자의 주장이나 입장에 반대하는 경우나 즉각적인 행동을 원하지 않는 경우, 다른 화자나 논증에 대한 반대 입장에 관하여 이미 의견을 들었던 경우, 주제의 한쪽 면만을 이야기하는 화자의 식견 또는 지식을 의심하는 경우(특별히 화자에게 반대하는 경우는 더 할 것이다) 등은 논증의 양쪽 모두를 이야기해야 하며, 기록, 문서화된 증거를 함께 제시하는 것이 좋다.

예방접종의 이론

윌리엄 맥과이어(William McGuires')의 "inoculation theory"에 의하면 반대 생각에 저항하는 청중에 예방접종하는 것은 병에 저항하는 사람에게 예방접종하는 것과 비슷하다고 정의 했다. 세균에 감염되지 않은 환경에 살던 사람은 병에 걸리기 쉽듯이 어떤 주제에 대한 부정적 입장에 대해 전현 들어 본 적이 없는 사람의 반대 주장에 감염되기 쉽다. 예방접종은 반대론의 저항에 버틸 수 있게 면역의 형태를 단단하게 하는 것이다. 다시 말하면, 미리 주제에 대한 화자의 입장을 주입하거나 반대의 입장에 대한 안 좋은 것들을 주입함으로써 청중이 반대 주장을 들었을 때 "아~ 그거 알고 있어요, 그런데 그거 사실이 아니잖아요, 왜냐하면…" 하고 말을 할 수 있게 하는 것이다.

논증의 한 면 또는 양면의 주장에 대한 결정

기본적인 것은 위에서 언급 하였지만 그중에 가장 안전한 것은 양면의 주장을 이야기하는 것이다. 청중은 화자에게 동의를 하선 하시 않건 간에 보통은 입장에 대한 반대의견과 정보를 듣게 된다. 또한 문제의 조사를 통해 양면의 주장을 이야기 할 수 있으며, 화자의 신용도 또한 증대된다. 단지 양면의 주장을 이야기 할 때 반대 주장에 대해서도 똑같은 시간을 소비하라는 것이 아니다. 반대 주장의 두 세게 정도의 이의만 제시하고 어떻게 그것이 부정확 한가 또는 잘 못된 추론인가를 제시하면 된다. 또는 이의가 정확하다면, 불합리하고 부정확한 주장이나 제시가 화자가 제안한 많은 이점들과 어떻게 다르게 비교되는 지를 보여주면 된다.

화자의 신용에 기반을 두어라

설득은 신용에 기반을 두어야 하며, 신뢰와 믿음이 있어야 한다. 신용은 설득의 기본적 요소가 되며, 화자의 신뢰도가 증대될수록 설득의 성공가능성이 높아진다.

설득은 신용에 기반을 두어야 하며, 신뢰와 믿음이 있어야 한다. 신용은 설득의 기본적 요소가 되며, 화자의 신뢰도가 증대될수록 설득의 성공가능성이 높아진다.

1. 신뢰

신뢰의 사전적 의미는 굳게 믿고 의지한다는 뜻이다. 화자는 신뢰를 통해 청중을 설득하는 설득적 도구로 활용하는데, 첫째, 주제에 아주 적게 관련된 청중은 주장 또는 증거의 질 보다 화자의 전문가적인 면에 더 설득되고 주제에 많이 관련된 청중은 화자의 신용에 의한 것보다 주장이나 증거의 질적인 면에 더 설득 되어 진다.

둘째, 설득의 메시지가 영상으로 보여 질 때, 청중의 설득 수위 는 화자의 신용에 의해 결정된다. 그러나 메시지가 인쇄의 양식 으로 보여 진다면, 증거의 질적인 자료에 의해 결정된다. 아마도 인쇄는 영상으로 보여 지는 것 보다 시간적 여유를 가지고 신중 하게 자료를 분석할 수 있기 때문이다.

셋째, 청중과 화자 사이에 비슷한 인식을 가지고 있다면 설득 은 강화되어진다. 이것은 청중 자신의 인식이 화자의 인식과 비 슷하다는 이유로 화자를 더 신용하기 때문이다.

2. 신용의 기본적 요소

누군가 혹은 무언가를 믿고 의심하지 않는 것을 신용이라고 하 는데 이러한 신용은 화자 자신과 화자가 제시하는 증거에 대한 신용이라고 할 수 있다. 즉 신용에는 화자의 신뢰, 능력, 활력과 패기, 객관성과 객관적 타당성이 존재하게 된다.

3. 화자의 신뢰 형성

화자의 신뢰는 스피치를 할 때 매우 중요한 부분이다. 화자의 신뢰도에 따라 청중의 참여와 경청의 의지가 달라 질 수 있다. 화자의 신뢰도를 형성하기 위해서는 첫째, 주제에 대한 높은 신뢰를 받는 전문가가 화자의 유능함을 소개하게 신뢰도가 있는 화자라는 믿음을 가지게 된다.

둘째, 화자의 주장이나 증거를 효과적으로 활용할 수 있는 첨단장비를 활용하여 청중들로 하여금 믿음이 갈 수 있는 고급스러운 이미지나 증거에 대한 믿음을 느낄 수 있게 한다.

셋째, 화자 자신의 주상이나 입장 또는 문제에 대한 이익뿐만 아니라 불이익의 양면을 이야기함으로써 화자 자신이 정직하다는 의지를 보여주는 것이 좋다.

넷째, 청중의 눈 맞춤을 유지하면서 부드럽고, 힘이 있으며 자신 있는 태도로 화자의 생각을 발표해야 한다.

다섯째, 화자는 청중에게 스피치를 하는 동안 프로페셔널하게 보여야 한다.

화자의 논증 또는 주장에 대한 스피치의 구성

표현하고자 하는 단어의 고저와 장단, 신체 언어인 동작과 강사의 몸가짐, 그 외 시각적 도구의 활용 등 스피치의 전 과정에 걸친 주요 사항들을 세밀하게 분석한다. 무엇보다 핵심은 스피치 능력을 발전시킬 수 있는 단계별 연습 과정을 11단계에 걸쳐 설명한 것이라고 할 수 있다.

설득 스피치의 전략을 다루는 무수히 많은 책들이 나와 있다. 일반인들에게 필요한 설득기법, 고객을 상대로 한 설득기법, 비즈니스를 위한 설득기법 등 다양한 방법의 설득기법이 있겠지만, 성공적인 스피치를 하기 위해서는 우선 효과적으로 구성을 해야 한다.

정보 스피치와 마찬가지로 설득 스피치를 하기 위해서도 스피치의 구성은 매우 중요하다. 여기서도 셰릴 해밀턴(Cheryl Hamilton)의 FLOW기법을 활용한 설득 스피치를 구성하기 위한 방법에 대하여 설명을 한다.

1. 주의 끌기

설득 스피치를 시작하면서 청중의 주의와 흥미에 초점을 맞추어 청중이 경청을 할 수 있도록 한다.

① 주의를 끄는 것으로부터 시작

아무리 설득이 목적이기는 하지만 스피치를 시작하면서 청중의 흥미나 관심을 바로 끌어내는 것이 중요하다. 만약 청중이 화자의 주장에 귀를 기울이려 하지 않는다면 그들을 설득할 수 없을 것이다. 청중의 분석을 통해 청중들이 호의적인지, 중립적인지, 흥미가 없는지 또는 적대적인지를 알아내고 주의 끌기를 어떻게 할 것인지를 선택해야 한다.

② 경청을 위한 동기 제공

화자는 자신의 스피치가 청중들에게 이익을 줄 것이며, 어떤 것에 대한 적합한 방법을 알려줄 것이라는 것을 확신 시켜주어야 한다. 여기서도 매슬로우의 욕구(자아실현의 욕구, 존경, 명성의 욕구, 귀속과 사랑의 욕구, 안전과 치안의 욕구, 육체적 욕구)를 활용해서 동기유발을 할 수 있는 청중의 욕구를 결정하는 것이 좋다.

2. 서론(주제의 도입부)

①화자의 입장이나 주장의 진술

통상적으로 화자는 청중에게 정확하게 문제에 대한 자신의 입장이나 주장이 어느 쪽인지를 말해야 한다. 그러나 만약 청중이 화자의 주장에 적대적인데 스피치의 서론 부분에 정확한 입장이나 주요소를 넣는다면, 청중은 경청을 하지 않을 것이다. 보다 좋은 계획은 화자의 입장이나 주장을 주요소나 결론부에 넣는 것이 좋다.

주요소인 본론에 넣을 경우는 가능하다면 각각의 요지마다 청중의 동의를 얻는 것이 좋다. 화자의 입장이나 주장을 지지 할 때는 정보/강의의 언어 또는 음성언어를 포함 비언어적 표현 보다 더 동적이고 힘이 있어야 한다.

②화자의 주요소를 검토

화자는 스피치를 어느 방향으로 취할 것인지 또는 화자의 입장이나 주장이 명확한지 확인과 재확인의 작업을 해야 한다. 이때 다음의 두 가지가 포함되는 것이 좋은데, 첫째, 정보의 배경이 필요하거나 요구된다. 둘째, 혼동되는 말이나 표현을 명확하게 해야 한다.

3. 본론(주요소의 구성과 보조)

① 주장 또는 단언의 양식

논증에 대해 지지하거나 지지하지 않는 특정한 이유, 무언가 유지하거나 유지하지 않아야 하는 특정한 가치, 무언가 믿고 있는 것이나 믿지 않는 특정한 사실을 위한 선택과 이유에 대해 검토하여 내리는 화자의 주장 또는 단언의 양식을 스피치의 본론 부분에서 발표하게 된다.

② 원인 또는 인과 관계의 양식

정보 스피치에서의 원인 또는 인과 관계의 양식은 원인-영향 그리고 영향-원인 둘 다 사용한다. 그러나 설득 스피치에서는 보편적으로 원인-영향을 사용하고 일반적으로 해결에 대한 방법이나 행동의 단계가 뒤 따른다.

③ 문제-해결 양식

다양한 형태의 양식들이 있으나, (1) 문제-해결-이익, (2) 문제-해결-행동의 두 가지가 가장 대중화 되어있다. 두 양식 모두 문제의 심각함, 청중에게 미치는 영향에 대한 세부적인 검토를 한 후 해결에 대한 문제의 개선 또는 해결방안에 대하여 발표한다. 마지막으로, 추가적 이익은 해결로부터 오는 결과로 기술하며, 행동의 특정한 진행은 청중에게 요구된다.

④ 상대적인 이익의 양식

설득 스피치의 구성에서 상대적 이익의 양식은 보편적으로 청
중이 이미 문제에 대해서 화자에게 동의를 하였지만 해결에는
동의하지 않은 것을 말한다. 상대적인 이익의 양식은 다른 하나
의 행동이 진행되는 이점에 집중을 하게 된다. 다시 말한다면, 결
과로의 진행에 대한 이익에 집중하는 것이다.

⑤ 표준 또는 규범에 대한 만족의 양식

표준 또는 규범에 대한 만족의 양식은 가능한 방법이나 해결을
평가하기 위해 따르는 규칙이나 지침을 말한다. 화자가 선택한
방법이 어떻게 표준 또는 규범을 확립하는데 충족되는지 또는
초과하는지 보여 주는 것으로 선택과 설명을 할 때 신중하게 청
중의 가치와 욕구를 검토하는 것이 중요하고, 화자의 표준 또는
규범이 왜 중요한지를 말하는 것이다. 어느 양식을 사용할 것인
지 결정하기 위해서 우선 화자는 설득 스피치의 두 형태인 신념
이나 행동의 스피치 중 어떤 유형의 스피치를 할 것이지를 결정
하고 위의 구성 양식을 어떻게 활용할 것인지를 결정해야 한다.

4. 결론

결론은 설득 스피치에서 청중을 설득할 수 있는 마지막 기회라는 것에서 정보/강의 스피치 보다 더 중요하다고 할 수 있다. 설득 스피치의 결론은 4가지 단계가 포함된다.

① 주장, 입장 또는 추천의 요약

요약은 화자의 일반적인 입장이나 화자의 정확한 주장 그리고 제안이나 충고를 청중에게 상기시켜 주는 것이다. 입장 또는 추천의 요약은 화자의 스피치로부터 정확한 세부항목들을 기억하게 하며, 요약을 하는 도중에 시각적 보조물을 활용하는 것은 오래 기억 할 수 있게 해준다.

② 미래의 예견

청중 자신들이 행복, 성공, 건강 등 무언가 좋지 않다고 판단되면, 화자는 청중에게 미래에 대한 예견을 해주는 것이 필요하다. 이때 화자가 제안하는 미래의 예언이나 화자의 제안이 없는 미래의 예언을 하는 것이 좋다. 이때는 청중의 눈을 똑바로 봐야 하며, 힘 있고 활기찬 언어와 음성언어를 사용하여 청중의 감정을 자극하고 화자의 정직함을 느낄 수 있도록 스피치를 하는 것이 좋다.

③ 행동의 요청 또는 호소

이미 감정의 호소를 하고, 신뢰나 증거와 함께 화자의 주장을 이야기했다고 하여도 청중에게 화자가 설득하려고 하는 믿음이나 행동을 정확하게 알릴 수 있는 방법을 취하는데 착오나 실수가 있을 수 있다. 청중을 설득하기 위해서는 화자의 정확한 입장, 믿음, 행동을 결론 부분에서 명확하게 짚어주는 것이 효과적이다. 다시 말하면, 화자는 청중을 설득하기 위해서 마지막까지 최선을 다해야 하며, 긴장을 늦춰서는 안 된다.

④ 인상적인 방법으로 흥미의 초점을 다시 맞추기

행동의 요청 또는 주장에 대한 호소를 한 후 종지부에 청중에게 깊은 인상을 남기기 위하여 청중의 흥미와 관심사에 재 초점을 맞추는 것이 좋다. 스피치의 주안점으로는 사실의 세부항목, 가정의 예, 2개 또는 3개 정도의 짧은 예, 농담이나 유머러스한 예, 간결한 인용 또는 문체, 자극적이거나 놀랄만한 사실, 수사적 질문, 우화, 이야기, 시, 간단한 증명 등이 있으며, 이들을 스피치의 마지막 부분에서 사용하여도 무방하다.

⑤ 동기가 부여된 결과나 순서의 활용

동기가 부여된 결과나 순서는 설득 스피치 구성의 대중적인 방법 중 하나이다. 이것은 다섯 단계로 구성된다.

첫째, 주의의 단계

청중의 주의를 잡고 스피치를 계속적으로 경청할 수 있는 욕구를 증대 시켜주는 것

둘째, 욕구의 단계

욕구의 해결을 위한 정확한 문제에 대하여 청중의 주의를 이끈다.

셋째, 만족, 성취의 단계

만족이나 성취를 위한 문제해결에 대하여 발표나 이야기를 한다. 단계적으로 첫째, 어떤 제안이나 제의를 할 것인지 간단하게 진술한다. 둘째, 명확하게 설명한다. 셋째, 어떻게 문제를 풀거나 고칠 수 있는지 보여준다. 넷째, 실행가능성에 대한 증명을 한다. 다섯째, 반론이나 반대에 대한 화답 또는 대답을 한다.

넷째, 시각적인 단계

미래에 대해 생생하게 묘사하는 것이다. 긍정적인 면과 부정적인 면 또는 반대되는 방법을 활용한다. 반대되는 방법은 긍정과 부정의 면을 다 묘사하지만, 부정적인 면을 시자으로 마지막에는 긍정적인 면을 묘사한다. 이러한 단계의 목적은 청중에게 믿음, 감정 또는 확실한 관점에서의 행동을 통해 동기부여나 행동

의 욕망과 의지를 강렬하게 만드는 것이다.

다섯째, 행동 단계

화자가 청중으로부터 특정한 행동을 취하게 하기 위한 요구나 요청으로 스피치를 결말을 짓는 것이다. 화자는 청중에게 무엇을 어떻게 하길 원하는지 정확하게 말해야 한다.

설득 스피치 "이렇게 해보자"

연설이나 설득 스피치는 강한 것만이 좋은 게 아니라는 점을 잊지 말기 바란다. 부드러움 속에서 강함을 찾는 다면 더욱 큰 효과를 얻을 수 있을 것이다.

1. 나비처럼 날아서 벌처럼 쏴라!

상대를 설득하는 방법에는 여러 가지가 있을 수 있다. 많은 책에서 저마다 그러한 방법들을 제시하기도 한다. 하지만 설득 스피치를 잘하기 위해서는 무엇보다 나비처럼 날아서 벌처럼 쏠수 있어야 한다. 이것은 음성적인 전달과 관련된 부분으로 부드럽게 정보를 전달하다가 청중의 반응에 따라 강약을 조절 할 수 있어야 한다.

대부분의 연설을 보면, 소리만 커서 어떤 메시지를 보내고자 하는지 잘 전달이 되지 않을뿐더러 강조하고 싶은 내용이 그 소리에 묻히는 경우가 많다. 멋진 설득 스피치는 사람들의 마음을 사로잡아야 하고, 자신의 생각을 잘 전달해 청중과 공감하는 스피치라고 할 수 있다. 따라서 청중과 공감대를 형성하는 부분에서는 강하고 빠르게 스피치의 음의 높이를 올려줘야 한다. 물론 그렇다고 해서 계속적으로 소리를 크게 내거나 빠르게 말해서는 안 된다. 나비처럼 날아 벌처럼 쏘고 다시 나비처럼 날아야 한다. 앞에서도 얘기했지만, 필자가 영화< Any given Sunday>를 보며 강의를 하는 이유가 여기에 있다. 그 영화에서 알파치노가 경기 앞서 선수들에게 스피치를 하는 장면이 나오는데, 아주 멋지게 스피치를 소화했다. 청중과 함께 하는 진정한 설득 스피치라고 할까, 그의 부드러움 속에서 강함을 느낄 수 있고 청중을 끌어 들이는 힘이 있다. 아주 멋진 스피치라고 생각한다.

연설이나 설득 스피치는 강한 것만이 좋은 게 아니라는 점을 잊지 말기 바란다. 부드러움 속에서 강함을 찾는 다면 더욱 큰 효과를 얻을 수 있을 것이다.

2. 무한도전! 인생 뭐 있어 가는 거야~

사람들은 성공을 향해 하루하루 열심히 자신이 맡은 역할에 충실하면서 미래를 개척해 나간다. 사람들 마다 각기 추구하는 성공이 다르겠지만, 그 성공을 이루려는 노력은 같을 것이다.

그렇다면 성공의 비결이란 무엇일까? 필자나 그 비결을 경험이라고 생각한다. 경험이란 우리에게 소중한 것을 준다. '실패는 성공의 어머니'라는 격언도 있듯이, 실패는 더 큰 성공을 얻기 위한 과정이며 경험이다. 필자 또한 스피치를 전공하면서 많은 실패를 경험해봤다. 인생에서의 실패와는 문제가 약간 다르지만, 처음 스피치를 시작할 때보다 좀 더 잘할 수 있게 된 것은 도전과 실패를 거듭했기 때문이다. 실패가 두려워 시도조차 하지 않으면 성공은 없다.

　설득 스피치도 마찬가지이다. 성공했던 실패했던 간에 그것은 성공의 확률을 높이기 위한 경험이며 자신감의 토대가 된다. 실패했다고 해서 결코 기죽지 말라. 실패가 없다면 성공이란 단어의 의미 또한 없을 것이다.

　상대를 설득하는 기술에 대해 많은 책이 출간되었으니, 그만큼 많은 사람들이 읽었을 거라고 생각한다. 하지만 모든 사람이 설득의 기술을 활용해서 성공했을까? 결코 아니다. 따라서 필자는 단순히 책을 읽는 것보다 경험을 통해 얻은 결과를 보완하고 연구해 실행하는 것이 더욱 효과적이라고 생각한다. 필자가 기술적인 부분보다 경험을 통해 얻은 방법에 더 비중을 두는 이유가 여기에 있다. 다른 사람들의 경험도 중요하지만 자신이 직접 준비하고 연습해서 얻은 경험으로 설득의 달인 되었으면 한다.

　주저하지 말고 부딪쳐라. 그러면 해답이 나온다. 좋은 결과를 얻을 때 까지 도전하자.

"인생 뭐 있어, 가보는 거야!"

3. 상대의 반응을 읽어라

많은 이야기를 한다고 해서 설득에 성공하는 것이 아니다. 상대 또는 청중이 원하는 것이 무엇인가를 알아야 한다. 아무리 많은 이야기를 해도 상대가 원하는 것이 아니라면 설득은 요원하다. 단 한마디가 설득의 열쇠가 될 수도 있다는 것을 잊지 말라.

그러기 위해서는 상대의 반응을 주의 깊게 파악하고 대응해야 한다. 교회에서 목사님의 설교를 듣다보면 설득의 흐름을 쉽게 파악 할 수 있다. 목사님의 설교는 성경에 있는 정보를 전달하는 것으로 시작한다. 이어서 설득스피치에 들어가는데, 이때 신도들의 반응은 소리의 크기로 알 수 있다. 교회를 다녀본 사람이라면 누구나 이런 스피치의 흐름을 느꼈을 것이다.

청중의 반응을 읽으며 음성의 변화를 활용해라. 말을 잘하기 위해서는 다양한 방법의 스피치를 효과적으로 활용하고, 그 스피치를 하는 목적을 분명히 알아야 한다. 설득 스피치는 스피치 중의 꽃이라고 할 수 있다. 대화를 할 때도 마찬가지다. 상대의 반응을 읽을 줄 아는 사람이 성공을 할 확률이 높다. 하지만 대부분 자신이 알고 있는 내용을 많이 알려주려 하고, 설득하고자 하는 의지에 너무 심취해 상대의 반응을 읽지 못하는 경우가 많다.

설득은 상대를 변화 시키는 것이다. 그렇기 때문에 상대가 원하는 것이 무엇이고, 내가 그걸 잘 파악하고 있는지가 무엇보다 중요하다. 그러므로 상대의 반응을 읽는 능력이 설득을 하는데 중요한 관건이 될 수 있다는 것을 잊지 말자. 대중을 상대로 하는 설득이든 개인을 상대로 하는 설득이든 중요한 것은 자신 스스로가 상대에게 관심을 가지고 있어야 한다는 점이다. 이 점을 명심하고 좋은 결과를 얻어낼 수 있는 설득 스피치를 할 수 있도록 노력하자.

4. 자극을 줄 수 있는 언어와 시청각 자료를 활용하라

설득 스피치는 정보 스피치와 확연히 다르다. 정보는 상대의 감정에 자극을 주지 않지만 설득은 감정에 자극을 주어야 하는 스피치이다. 설득 스피치는 정보스피치와 달리 언어를 잘 선택해야 한다. 감정에 자극을 주는 단어를 선택하고, 강한 표현의 언어를 사용한다.

금연 광고를 보면 일반 광고 보다 자극적인 영상과 언어를 사용하는 것을 알 수 있다. 이처럼 자극을 주는 언어는 비교적 짧은 시간에 상대를 설득할 때 사용된다. 이럴 때는 자신의 의지를 강력하게 전달할 수 있는 음성적인 전달, 즉 강조, 빠르기 그리고 감정의 표현을 함께 사용하는 것이 좋다. 이는 신뢰도를 높이는 데도 효과가 있다. 또한 설득에 필요한 시청각 자료를 활용하여 효과를 높일 수 있다. 듣는 것보다 보는 것이 더 자극적이고 기억에 오래 남기 때문이다. 자극적인 언어와 음성의 전달에 시청각으로 보다 큰 반향을 일으켜 설득의 효과를 높이는 것이다.

흔히 위험에 관한 이야기는 받아들이는 사람에게 큰 자극을 주기 어렵다. 하지만 시청각 자료를 통해 위험성을 보여 준다면 더욱 강하게 표현 할 수 있다.

7장
특별한 상황에서의스피치

7장 특별한 상황에서의스피치

특별한 장소나 행사 스피치의 목적

특별한 장소나 행사에서의 스피치는 청중에게 감동을 불러일으키는 것이 중요하다. 청중으로 하여금 웃고, 울고, 호감 또는 연민을 갖게 할 수도 있다. 우리가 예술가의 작품을 보거나 읽을 때 감동을 느끼듯 특별한 장소나 행사에서의 스피치도 그와 비슷한 감정을 불러일으키는 것이 목적이라고 할 수 있다.

우리는 많은 사람들과 더불어 살아가고 있으며, 가정, 직장, 모임, 단체 등에서 나름대로 역할을 맡고 있다. 가정에서는 가족 간의 대화나 가족회의 등을 하거나, 직장에서는 프레젠테이션이나 보고, 발표, 토의, 토론 등 직책에 따라 다양한 스피치를 하게 된다. 특별한 장소나 행사에서의 스피치는 청중에게 감동을 불러일으키는 것이 중요하다. 청중으로 하여금 웃고, 울고, 호감 또는 연민을 갖게 할 수도 있다. 우리가 예술가의 작품(음악, 대중가요, 영화, 시, 소설 등)을 보거나 읽을 때 감동을 느끼듯 특별한 장소나 행사에서의 스피치도 그와 비슷한 감정을 불러일으키는 것이 목적이라고 할 수 있다. 또는 정보를 전달하거나 특별한 상황에 맞는 화자의 생각과 의견을 전달하는 스피치를 포함한다.

좋은 성과를 내기 위해선 사전준비와 자신감, 그리고 노력을 요구하니 철저히 연습하고 준비하도록 하자.

특별한 상황에서의 스피치 종류

상황에 따라서는 타인의 소개를 하는 경우도 있다. 지인이나 친구 또는 초청 강사를 소개할 때는 소개를 받는 사람이 청중들에게 호감을 가질 수 있도록 하는 것이 중요하다.

1. 자기소개 스피치

우리는 말을 하지 않고는 살아갈 수가 없다. 인간관계의 시작은 자기소개에서부터 시작한다. 필자는 학생들이나 수강생들에게 언제 어디서나 자신을 소개할 수 있는 문구 하나 정도는 달달 외우라고 주문한다. 그 이유는 자기소개는 나와 타인을 서로 이어주는 연결고리 역할을 하기 때문이다.

자기소개는 상대에게 자신과의 공감대를 형성하는 매개체로서 빠른 시간에 상호작용 할 수 있게 도와준다. 따라서 자기소개를 멋지게 할수록, 그리고 공감대를 형성할 수 있는 정보를 제공할수록 상대방이나 청중이 화자 자신에게 좋은 호감과 소통을 할 수 있는 동기를 갖게 해줄 수 있다.

자기소개는 정확히 몇 분을 해야 한다고 규정지을 수는 없지만 대략 1분에서 2분 정도로 간결한 것이 좋다. 자기소개를 할 때는 청중의 시선을 보면서 밝은 표정으로 해야 하며, 화자 자신에게 호감 및 호기심을 갖게 할 수 있으면 좋다.

자기 소계에 들어갈 내용으로는 별명, 고향, 가족사항, 미래에 진로나 꿈, 특별하게 관심이 있는 것이나 취미, 즐겨보는 TV프로그램, 현재 자신에게 가장 중요한 것 또는 관심사, 존경하는 인물, 어떤 단체나 조직에 속한 경우 그 단체에 흥미를 가지게 된 이유나 활동에 대한 간략한 소개 등을 하면 된다.

2. 타인의 소개 스피치

상황에 따라서는 타인의 소개를 하는 경우도 있다. 지인이나 친구 또는 초청 강사를 소개할 때는 소개를 받는 사람이 청중들에게 호감을 가질 수 있도록 하는 것이 중요하다. 우리는 살면서 자신이 아닌 다른 사람을 소개하는 일도 생기게 된다. 이렇게 지인이나 친구를 소개할 때에도 소개를 받는 사람이 청중이나 다른 사람들이 호감을 가질 수 있도록 하고 어떤 것들을 궁금해할지, 공감대 형성을 할 수 있는 것이 무엇이 있는지를 잘 생각해서 멋지게 소개할 수 있도록 하는 것이 좋다. 사회자로서 화자를 소개하는 것 또한 매우 중요한 소개 스피치이다. 행사를 진행하면서 사회자가 많이 하게 되는 스피치가 소개 스피치이다. 화자를 어떻게 소개하느냐에 따라 화자와 청자 간의 소통을 원활하게 하거나 청중에게 호감, 관심, 흥미를 줄 수도 있다.

(1) 소개 스피치의 효과

타인을 소개하기 위한 스피치는 우선, 화자의 특징이나 특색에 관해 충분히 이야기해주어 청중에게 현재 진행하는 행사에서 왜 화자를 초대하게 되었는지 설명해 주는 것이다. 이는 행사에서 화자의 역할이 긍정적 효과를 줄 수 있는 지휘나 자격이 된다는 것을 알리는 것이다. 또한 청중이 스피치를 경청할 수 있게 격려하는 것이며, 다가오는 발표에 흥미를 가질 수 있게 하거나 화자를 환영하고 화자에게 용기를 북돋아 줄 수 있게 하는 것이다.

(2) 행사 및 화자에 대한 소개

소개 스피치에 포함되어야 할 것들이 있다. 우선 청중이 화자에 대해 모를 경우 화자가 누구인지를 설명해야 한다. 초청 강사를 소개할 경우에는 강의 주제와 관련된 강사의 경력을, 초청 인사를 소개할 경우에는 그 행사와 관련된 이력이나 현직을 설명해주는 것이 기본이다. 특히, 대부분의 강사는 많은 경력을 가지고 있기 때문에 강의 주제와 관련된 신뢰를 형성할 수 있도록 해주는 것이 중요하다. 이때는 화려한 경력보다 강의 주제에 대한 강사의 전문성이 청중에게 경청을 할 수 있는 동기 및 흥미를 제공한다는 것을 잊지 말자. 또한 강사나 초청 인사를 환영함으로써 용기를 북돋아 주어 좋은 강의나 연설을 할 수 있도록 하는 것도 잊어서는 안 된다. 그리고 소개받는 사람의 이름을 처음과 마지막에 반복해서 언급함으로써 청중이 그 이름을 기억할 수 있도록 하는 것이 좋다. 다음은 청중에게 특별한 행사를 하는 취지나 이유를 인식하게 하고 화자의 특별함을 인식시켜 주는 것이 필요하다. 또한 화자가 이야기할 주제에 대하여 언급해주는 것이 좋다.

(3) 상의 수여

상의 수여는 수상자가 상을 받을 만한 가치가 있다는 점을 강조하고 상의 중요성을 설명하는 것이다. 상의 수여에 포함해야 할 내용은 상의 이름과 상을 수여하는 이유, 수상자의 이름과 수상하는 이유, 상을 수여하게 되어 영광스럽거나 기분 좋은 이유

등을 이야기하면 된다.

(4) 수락 또는 수상의 스피치

수락 또는 수상에 따른 소감은 단순히 "감사합니다."라는 말보다 더 많은 스피치를 요구한다. 수락이나 수상의 스피치에 들어갈 내용으로 증여자 또는 기증자와 수여자에게 감사와 겸손을 드러내는 것은 좋으나 상투적인 문구는 피하는 것이 좋다. 특히 "나는 이 상을 받을 자격이 없습니다."라는 식으로 말해서는 안 된다. 왜냐하면 아무리 겸손한 표현이라도, 그 상이 수상자를 잘못 선택했다는 의미가 될 수도 있기 때문이다. 이때는 "이 상을 더욱 열심히 일하라는 것으로 알고 더욱 노력하겠습니다."라는 식의 표현을 쓰는 것이 좋다. 요즘은 재치 있는 이야기로 청중의 웃음을 유도하는 수상 소감을 하는 경우도 많다. 즐거운 자리를 즐거움과 감사의 표현으로 빛낼 수 있도록 재치 있는 스피치를 할 수 있는 아이디어를 낼 수 있다면 이미 당신은 스피치를 즐기고 있다고 할 수 있다.

(5) 기념식의 스피치

기념식에서의 스피치는 동료의 이·취임식, 결혼식, 장례식 등의 다양한 상황에서 일어난다. 축배나 건배처럼 짧은 형태도 있고 결혼식의 주례사, 고인에 대한 이별사, 호국 영령에 대한 찬사처럼 비교적 긴 형태도 있다. 그중 이별사는 고인의 죽음을 인정하고, 그의 생애를 설명함으로써 청중의 비통함을 가라앉힐 수 있어야 한다. 또한 고인과 청중의 관계를 재정의 하고 고인의 죽음이 그들의 삶에 어떠한 영향을 미치는지를 이야기한다. 찬사는 일반적으로 '존경의 스피치'라고도 하는데, 예를 들면 전쟁기념관에서 한국전쟁 당시 나라를 위해 목숨 바친 분들의 삶을 기리며 하는 스피치가 여기에 해당된다.

식후 스피치는 정치 집회, 총동문회 모임, 송년회 등에서 주로 하게 된다. 특히 단체의 장이나 회사의 대표는 신년사, 축사, 환영사, 격려사 등 다양한 스피치를 하게 되는데, 이런 경우는 주로 낭독의 형태를 많이 취한다. 낭독 스피치는 앞에서도 언급했듯이 청중과의 커뮤니케이션이 잘 안 된다는 단점이 있다. 하지만 스피치의 기본을 충실히 익히고 많은 연습을 한다면 부드럽고 효과적인 커뮤니케이션을 할 수 있을 것이다. 특히 연말 모임 등에서 갑자기 스피치를 해야 할 때는 간략하게 이야기할 내용을 정리해서 '불완전 즉흥 스피치'를 하는 것이 좋다.

중간 관리자들은 직원 교육, 보고, 프레젠테이션 등을 하는 경우가 많다. 또는 직업상 항상 청중 앞에서 스피치를 해야 하는 사람도 있다. 이런 분들에겐 대학의 평생교육원이나 스피치 학원의 스피치 교육을 소개해 주고 싶다. 이곳에서는 한 학기 동안 대중 스피치를 배우게 되는데 스피치의 구성, 정보, 설득 스피치, 상황에 따른 스피치 등을 연습하고, 마지막 조별 스피치 발표 때 상황극을 해보는 것으로 수업을 마친다. 물로 각 교육원이나 스피치 학원마다의 스피치 교육과정이 다르겠지만 전문가의 도움을 받는 것도 스피치 능력을 향상시키는데 좋을 것 같다.

필자는 기본 학습 과정에서 낭독 연습을 시킴과 동시에 다양한 상황에서의 스피치를 연습하게 한다. 이는 자신의 습관화된 스피치 스타일에서 벗어나 상황에 맞게 스피치를 할 수 있도록 하기 위함이다. 스피치를 다양하게 구성하고 연습하게 되면 새로운 상황에 대한 불안감이나 스피치에 대한 막연한 부담감을 줄일 수 있다.

(6) 그 외의, 특별한 상황에서의 스피치

정치적 집회, 총동문회 모임, 송년회 등에서 스피치를 하는 식후 스피치, 장례식에서 고인을 기리는 스피치, 생일 축하 스피치, 취임식이나 퇴임식에서의 스피치, 다양한 행사에서의 축사, 환영사, 격려사 등의 형태로 스피치를 하게 된다. 이러한 스피치를 준비할 때는 항상 그 상황에 대한 목적성에 중점을 두고 스피치를 하는 것이 중요하다. 축사는 축하의 인사, 환영사는 환영의 인사,

격려사는 격려의 인사에 초점을 맞춰야 한다. 두서없이 이 얘기 저 얘기를 하는 것이 아니다. 스피치는 목적을 설정하고 거기에 따른 길을 만들어 목적지에 정확하게 도착할 수 있도록 하는 것이 중요하다.

Source : Freepik.com

8장
파워풀 대중 스피치

감동과 스피치 스타일

단 한명도 자신과 사이가 나쁜 사람도 없을 것이며, 상대를 기분 나쁘지 않게 이야기 할 수 있어야 하며, 상대를 편하게 할 수 있어야 한다. 현재 이것들이 가능한 분들은 대화의 달인이라고 해도 과언이 아닐 것이다.

대화를 잘한다는 것은 무엇일까? 말을 잘하는 사람은 경청을 잘 한다고 한다. 하지만 자신은 말 한마디 못하고 그냥 듣고만 있다면 그건 문제가 있는 것이다. 말을 잘하는 사람은 뒤에 말하고 잘 들어 준다고 하지만 필자는 대화를 리드할 수 있는 능력이 없다면 아무리 잘 경청을 한다고 해도 말을 잘 하는 사람이라는 생각을 하지 않는다. 스피치 수업에 오시는 분들 중에는 일대일로 대화를 하는 것은 잘 하는데 사람들 앞에서 이야기 하는 것이 부담이 가고 긴장이 돼서 강의를 듣기 위해 오신다고 한다.

누구나 말은 잘 한다. 하지만 제대로 말을 잘 해야 한다는 것이다. 우리가 말을 잘 한다는 것은 필자가 이 책에서 이야기 하는 전반적인 부분에 걸쳐 어느 정도 익숙하게 의사표현이나 자신의 생각, 감정의 표현, 듣기 좋은 음성 등을 활용 할 수 있다는 것이라고 언급했다. 대화를 잘 한다는 것은 쉽지 않다. 만약 그것이 쉽다면 단 한명도 자신과 사이가 나쁜 사람도 없을 것이며, 상대를 기분 나쁘지 않게 이야기 할 수 있어야 하며, 상대를 편하게 할 수 있어야 한다. 현재 이것들이 가능한 분들은 대화의 달인이라고 해도 과언이 아닐 것이다.

1. 감동을 줄 수 있는 언어의 사용

스피치를 잘하기 위해서는 감동적인 언어의 사용도 매우 중요하다. 우리가 일상생활에서 감동적인 언어를 자주 또는 잘 사용한다면 대중을 상대로 스피치를 할 때도 감동적인 언어의 사용이 어렵지 않을 것이다. 저자가 집필한 말을 잘하면 성공이 보인다! 에서도 대화를 이야기 했듯이 셰익스피어 식 언어를 사용하는 것이다. 그 이유는 멋지고 감동적인 언어의 사용을 통해 상대방이나 청중에게 감동을 줄 수 있기 때문이다. 셰익스피어의 작품은 시적인 표현으로 가득 차있다. 셰익스피어의 작품은 언어의 예술이다. 지금 시대에는 어울리지 않겠지만 연인, 동료, 부모님께 닭살처럼 들릴지라도 감동적인 말을 해보는 것이 어떨까.

셰익스피어 식 언어는 편지로는 잘 쓰지만 대화에서는 잘 사용하지 않는다. 그 이유는 쑥스럽기 때문이다. 하지만 앞에서는 당장 이상한 반응을 보일지 모르지만 기분은 굉장히 좋을 것이다.

표현의 자유는 언어의 자유이다. 자유로운 언어를 선택하라. 보다 멋지고 시적인 표현을 하라. 정말 멋지고 아름답지 않겠는가.

얼마 전 학생들에게 인턴(Intern)이란 영화를 보여준 적이다. 줄스 오스틴이 자신의 집 앞에서 벤 휘테커에게 말한 대사가 생각난다. 자신의 집을 보며 "이 집이 좋아요. 그냥 행복해보여요. 동화책 속의 집처럼, 페이지를 넘겨보기만 해도 행복해지는 그런 집이요." 어려운 단어가 있지도 않고, 우리가 잘 사용하지 않는 단어가 있는 것도 아니지만 왠지 들으면 감성이 자극되는 대사였다고 할까. 청중은 화자의 스피치를 통해 많은 정보를 얻기 바라고, 감동 받기를 원하고, 흥미롭거나 즐겁길 바란다. 다양한 언어의 선택과 활용을 통해 다양한 방법으로 청중과 소통할 수 있는 방법을 익히거나 시도해보는 것이 성공하는 스피치의 방법이 아닐까 싶다.

2. 스피치 스타일을 파악하라

사람은 누구나 어려서부터 자신의 스피치 스타일이 습관화되게 마련이다. 따라서 우선은 자신의 스타일을 파악하는 것이 좋다. 나는 상대의 이야기를 잘 들어주는 편인가, 상대의 말을 자주 가로막지는 않는가, 자기중심적이지 않은가, 상대를 잘 배려하는가, 공격적이지 않은가, 말을 빨리 하거나 느리게 하지는 않은가.

대화를 잘 하는 사람은 상대방에 맞추어 그 상황에 따라 스피치 하는 능력을 갖추고 있다. 특히 비즈니스맨에게는 상대방에 대한 배려가 매우 중요하다. 고객은 차분하고 소위 말하는 고품격의 스피치를 하는데, 자신은 정신없이 빨리 이야기를 하는 스타일이라면, 아마도 좋은 결과를 얻기 힘들 것이다.

반대의 경우도 있다. 성격이 급하고 말을 빨리는 고객에게 천천히 논리정연하게 스피치를 한다면, 그 고객은 화가 나서 쓰러질지도 모른다. 하지만 스피치의 기술을 배우면 이런 상황에도 멋지게 대처할 수 있다. 상대의 대화 스타일에 맞추어 스피치를 하는 기술은 연습을 통해 얼마든지 스타일에 맞추어 스피치를 하는 기술은 연습을 통해 얼마든지 습득할 수 있기 때문이다.

물론 자기는 말을 빨리 하는 사람일지라도 상대가 말을 빨리 하는 것을 싫어할 수도 있다. 이런 경우 저런 경우를 잘 파악해서 멋진 스피치를 할 수 있도록 해보자.

대중을 상대로 한 스피치에서는 주제에 대한 청중의 지식이나 관심, 연령 등 다양한 변수를 생각해본 후 스피치를 하는 것이 좋다. 새로운 정보를 접하는 대부분의 청중에게는 명확하고 천천히 정보를 전달하는 것이 좋을 것이며, 전문가 집단을 상대로 한 스피치에서는 천천히 하는 것 보다는 어느 정도 지루하지 않게 느껴질 수 있는 스피드로 전달을 하는 것이 좋을 것이다. 특히 정보 스피치를 할 때, 동영상이나, 유머, 스토리텔링, 실습, 청중과의 대화 식 전달 등을 활용한 다양한 스타일로 스피치를 하는 것도 좋은 방법이다.

표현의 능력을 키워라!

언어의 표현은 음성의 변화이다. 그리고 음성의 변화는 감정에 따른 소리의 변화이다. 슬픔, 기쁨, 그저 그런 기분 등을 소리의 전달하되 여기에 말의 강도, 속도가 필요한 것이다. 즉, 음성의 전달 요소에 흐름을 만들어 표현하는 것이다.

스피치는 언어와 비언어를 활용을 자신의 생각과 감정을 전달하고 원하는 것을 얻기 위한 계획이나 실행의 도구라고 할 수 있다.

필자는 첫 강의를 표현의 능력을 키우는 데 할애한다. 이는 말할 것도 없이 화자의 언어적인 능력을 키우기 위한 것인데, 연구자 과정에서 비언어적인 능력을 키우기 위한 연습을 하고 있다.

우리나라는 지역마다 각기 특성이 있는 것 같다. 직역에 따라 무뚝뚝하거나 다정하고, 감정 표현을 잘하거나 그렇지 못한 경우를 흔히 볼 수 있다. 감정 표현을 잘 하거나 그렇지 못한 경우를 흔히 볼 수 있다. 표현이란 자신의 현재 상태나 생각을 상대방이 잘 알 수 있도록 나타내는 것이다. 그런데 자신은 좋은 감정인데, 막상 상대는 그렇게 느끼지 못한다면 표현이 잘못된 것 아니겠는가. 서로의 감정이 교차하고 느낄 수 있는 것이 커뮤니케이션이며 소통이다.

언어의 표현은 음성의 변화이다. 그리고 음성의 변화는 감정에 따른 소리의 변화이다. 슬픔, 기쁨, 그저 그런 기분 등을 소리의 전달하되 여기에 말의 강도, 속도가 필요한 것이다. 즉, 음성의 전달 요소에 흐름을 만들어 표현하는 것이다.

비언어의 전달은 음성적인 표현에 제스처, 자세, 움직임을 덧붙여 표현의 효과를 더욱 높이는 것이다. 물론 비언어 자체만으로도 표현의 전달이 가능하다. 말을 하지 않고도 비언어적인 전달 요소만으로 자신의 의사나 감정을 표현할 수 있다는 얘기다. 하지만 비언어만으론 모든 표현을 정확하게 전달할 수가 없다. 그래서 더욱 빛나는 것이 언어와 비언어를 함께 사용할 때이다. 시각적, 청각적 표현의 전달이 모두 동원되기 때문이다.

1. 못 말리는 사람이 되지 말고 말릴 수 있는 사람이 되라!

일상생활을 하다보면 아집이 지나치게 강하거나, 상대방은 상관 않고 자기중심적으로 말하거나, 대부분의 대화시간을 자기가 장악하는 사람을 만날 수 있다. 이런 사람을 만나게 되면 상대는 어쩔 수 없이 이야기를 들어주는 편에 서곤 한다.

하지만 진정한 소통은 서로의 생각, 마음, 감정, 이상 등을 나누며 매끄럽게 의사의 전달하고 이해를 구하는 것이다. 대화를 하다보면 정말 짜증나게 자기 혼자만 이야기 하는 사람이 있다. 어떻게 보면 필자 자신이 그런 사람이었는지도 모른다. 나는 수업 시간에 질문을 많이 하는 편이었다. 아니 말이 많은 사람이었다고나 할까?

눈치 없이 상황도 파악하지 못하고 자기 이야기만 하는 사람은 정말 난감하다. 그런 사람은 시간도 관리하지 못하고, 상대의 감정도 읽지 못하고, 자신의 이야기가 잘 전달되고 있는지도 알지 못한다. 반면 말을 그칠 줄 아는 사람은 상대방의 의견에 수긍할 줄 안다. 그리고 자기 이야기가 잘 전달되는지 어떤지를 주위 상황이나 상대방의 피드백을 통해 파악한다.

여러분은 어떤 사람이 되고 싶은가? 자기중심적이고 아집으로 가득 찬 사람을 일러 '못 말리는 사람'이라고 한다. 여러분은 '못 말리는 사람' 보다는 '말릴 수 있는 사람'이 되고 싶지 않은가? 상대를 배려하는 대화의 능력을 지닌 사람은 '말릴 수 있는 사람'이다.

2. 들어보면 그 안에 답이 있다

필자는 한때 경청에 대해 많은 관심을 가진 적이 있다. 그런데 요즘은 경청보다 소통이라는 것에 더 많은 관심이 간다. 말을 잘하면 성공이 보인다. 말을 잘하는 사람은 자신이 이야기 하고자 하는 것에 대해 잘 알고 있으며, 어떤 방식으로 이야기해야 할지도 잘 알고 있다. 이는 그 사람이 상대를 잘 파악하고 있다는 것과 같은 뜻이다. 상대가 원하는 것이 무엇이며, 나에게 듣고 싶어 하는 것이 무엇인가를 잘 파악하고 있다는 얘기다.

대화를 하다보면, 그 안에 답이 있다. 설득을 할 때, 동기 부여를 할 때, 음식을 먹으러 갈 때, 여행을 갈 때도 대화를 통해 상대가 원하는 것을 얻을 수 있다. 대화란 묘한 것이다. 자신도 모르게 상대에게 자신의 이야기를 하게 되기 때문이다. 사소한 일에서 큰일까지 대화를 통해 이야기를 하다보면 우리는 상대에게 얻고자 하는 것을 끄집어 낼 수 있다. 대화를 어떻게 유도해 나가야 할지를 알면 원하는 것을 얼마든지 얻을 수 있다.

잘 들어주는 사람이 스피치도 잘한다. 잘 듣다보면 그 안에서 이야기를 지속시킬 수 있는 답, 서로를 친하게 만들어 주는 답, 비즈니스를 성공 시킬 수 있는 답을 찾을 수 있을 것이다.

생각을 했으면 실전과 같이 연습하자

자신이 이야기하고자 하는 것을 보다 효과적으로 전달하기 위해서는 익숙해질 때까지 충분히 연습하는 것만이 최선의 방법이다.

　스피치를 잘 하기 위해서는 구성 단계를 마친 후 실전과 같이 연습하는 자세가 필요하다. 자신이 이야기하고자 하는 것을 보다 효과적으로 전달하기 위해서는 익숙해질 때까지 충분히 연습하는 것만이 최선의 방법이다.

　대부분의 스피치 연습은 작성한 원고를 읽어보는 것이 전부다. 하지만 이렇게 연습하는 것은 실전에 크게 도움이 되지 않는다. 배우들이 무대에 오르기 위해 얼마나 많은 연습을 하는가? 그들은 단순히 대본을 읽어 보는 정도가 아니라, 실전과 똑같이 연습한다. 스피치 연습도 마찬가지다. 실전에서처럼 음성의 변화, 제스처, 움직임, 표정 등에 주의를 기울여야 한다. 시청각 자료를 사용할 때는 그 내용을 완전히 파악하기 위해서라도 반복적인 연습이 필요하다.

스피치를 잘하기 위해서는 실전과 같은 연습을 최소 3회 이상 실시하는 것이 좋다. 단순히 횟수로 단정을 지을 수는 없지만, 이야기하고자 하는 내용을 설명하는데 익숙해질 때까지 충분히 연습하는 것이 좋은 스피치를 할 수 있는 관건이다. 그래야 긴장도 덜 하게 되고, 긴장을 하더라도 실수를 줄일 수 있다.

연습은 실전같이 하라는 말이 있지 않은가. 특히, 잘 안 되는 부분이나 중요하다고 생각하는 부분에 대해서는 조금 더 신경을 써서 연습을 하도록 하자. 제스처나 움직임, 자세 등도 실전과 같이 연습하자.

연극배우들은 한 작품을 무대에 올리기 위해 수많은 연습을 한다. 그리고 리허설을 하게 되는데, 이는 연극을 펼칠 무대에서 실전과 똑같이 연습을 하하는 것을 말한다. 비싼 대여료 때문에 극장을 평소의 연습실로 이용할 수 없기 때문이기도 하려니와 실제 무대에서 그동안 갈고 닦은 연기를 최종 점검하는 단계이다. 배우가 관객들에게 멋진 무대를 보여주기 위해 연습을 반복하듯 스피치도 마찬가지 과정이 필요하다.

실전과 같은 연습을 통해 자신의 잘못된 점을 고치도록 하라. 그리고 반복적인 연습을 통해 자신의 잘못된 점을 고치도록 하라. 그리고 반복적인 연습을 통해 실수를 줄이고 자신의 스피치에 익숙해지도록 하라. 이런 과정을 거친다면 누구보다 멋진 스피치를 할 수 있을 것이다.

필자는 스피치를 전공하면서 연습이 얼마나 중요한지 뼈저리게 느꼈다. 노력 없는 결과는 없다. 좋은 성과를 얻기 위해서는 그 만큼의 노력이 필요한 것이다. 이 노력이 바로 연습이며, 이 연습이 좋은 결과를 만들어 낸다는 것을 잊지 말자.

1. 생각을 즐기고 성공에 기뻐하자

스피치의 매력 중 하나는 자신이 생각한 대로 청중이 반응한다는 데 있다. 청중을 웃기고 싶을 때 웃기고, 울리고 싶을 때 울리고, 생각에 잠기게 하고 싶을 때 생각에 잠기게 할 수 있는 것이다. 이렇게 자신의 생각대로 청중이 반응을 한다면 스피치는 대성공이다.

바로 이러한 성공에 스피치의 기쁨이 있다. 그 희열은 축구에서 역전 결승골이 터지는 기쁨과도 같지 않을까 싶다. 처음부터 잘 할 수는 없다. 하지만 생각을 즐기고 성공하고자 하는 의지가 있다면, 그리고 끊임없이 연습한다면 누구나 훌륭한 스피치를 할 수 있다.

만약 스피치의 시작 단계에서 청중을 웃겨 보고 싶다면, 많은 아이디어를 생각하고 그런 시간 자체를 즐겨야 한다. 지겨워하며 생각하기를 포기한다면 결코 성공할 수 없다.

어느 순간부터 나는 청중에게 감동과 즐거움을 줄 수 있는 스피치를 작성하기 위해 많은 생각을 해왔다. 처음엔 '주의 끌기'부터 시작했다. 그걸 위해 나의 관심은 항상 나만의 독특한 것을 준비하는 데 집중되었다. 스피치를 시작하는 단계에서 청중의 호기심을 자극하고, 나의 이야기를 경청할 수 있도록 하기 위해 아이디어를 짜내는 것은 색다른 즐거움이었다. 그래서 더욱더 새로운 시도를 하기 위해 노력하게 되었다.

이렇게 해서 청중의 관심을 끌고 난 뒤에는, 청중의 계속적인 경청을 유도하기 위해 본론의 주요소 사이사이에 청중이 관심을 가질 만한 얘기를 넣어준다. 이것은 청중이 자신의 이야기를 최대한 흥미롭게 또는 즐겁게 들을 수 있도록 하기 위한 전략이라고 할 수 있다. 이러한 일련의 작업을 준비하고 그것이 효과를 발휘해야 성공적인 스피치가 보장된다. 그때의 쾌감은 이루 말할 수 없다. 그러므로 성공을 할 수 있다는 자신감이 생길 때까지 생각하고, 그 과정을 즐겨라. 그리고 성공한다면, 마음껏 그 성공을 만끽하라. 그러면 더 멋진 성공이 기다리고 있을 것이다.

강의를 하다보면 스피치를 멋지게 하는 분들이 있다. 하지만 대부분 잠시의 기쁨에 만족하고 더 큰 성공을 위해 노력하는 경우는 그다지 많지 않다. 스피치를 잘 할 수 있고 없고는 관심이 있느냐, 없느냐에 따라 많은 영향을 받는다.

조금씩 성공을 향해 나아가라! 그리고 성공을 기뻐하되 더 많은 노력과 관심을 기울여 더 좋은 스피치를 만들어 갈 수 있도록 하라. 한 번 한 번 성공을 맞보다보면, 더 멋진 스피치를 하게 될 것이다.

2. 생각을 전환하면 더 많은 이야기가 나온다

대부분의 사람은 선입견이라는 것을 가지고 있으며 자기중심적이다. 이 선입견과 자기중심적인 생각에 몰입하다보면 사고의 폭이 좁아지게 마련이다. 이는 인간의 사고가 자신이 만든 틀 속에서 일어나는 걸 의미하는 것이기도 하다. 하지만 좋은 아이디어는 많은 경우 외부에서 비롯된다. '보여지는' 것, '들려지는' 것에서 새로운 무엇인가가 나타나는 것이다.

우리 주위에는 자기만의 생각을 즐기는 사람이 많다. 이 생각 저 생각 막연히 몽상하듯이 하는 경우도 있고, 앞으로 어떻게 살아갈까, 하는 구체적인 생각에 몰두하는 경우도 있다. 하지만 무언가 새로운 것을 만들어내는 사람들은 항상 색다른 경험을 추구하며, 자기 생각의 틀을 깨는 데 익숙하다.

예를 하나 들어보자. 아프리카에서는 무덥고 가난해서 운동화를 신지 않는다. 이것은 그들의 삶에서 '보여지는' 모습이다. 그리고 우리의 대부분은 이렇게 생각한다. 발이 아프지 않을까, 불쌍

하다, 운동화를 신지... 하지만 그들에게 운동화를 팔아야겠다는 생각을 하는 사람은 얼마나 될까? 아마 별로 없을 것이다. 그것은 운동화 업계에 종사하는 사람조차도.

생각을 전환하면 또 다른 아이디어가 생긴다. 언젠가 한국인이 아프리카에 운동화를 수출했다는 기사를 본 적이 있는데, 아무것도 아닌 일 같지만 이는 누구나 할 수 있는 것이 아니다. 그것은 생각을 전화했기 때문에 가능한 일이었다.

물론 생각을 전환해도 그걸 실천하지 못하는 사람이 있다. 하지만 중요한 것은 자신의 틀을 벗어나 보다 넓은 세계로 범위를 넓혔다는 사실이다. 아프리카에 운동화를 수출한 업자는 '무덥고 가난하다'는 생각의 틀에서 사람은 누구나 자신의 몸으로 보호하고 싶어 한다는 아주 단순한 진리로 사고를 확장한 것이다.

생각의 틀을 깨고 전화하자! 자신의 관심사나 흥미에만 집중하지 말고 다른 생각을 해보자. 나만의 한정된 틀을 벗어나자. 남들과 다른 생각, 다소 엉뚱할 지라도 4차원적인 생각을 해보자. 요즘은 TV의 토크쇼나 예능 프로그램에서 엉뚱하고 4차원적인 생각을 가진 연예인들이 '뜨는' 추세라고 한다. 이는 그들의 황당한 이야기나 생각이 그만큼 대중의 관심을 끌고 즐거움을 주고 있다는 걸 의미한다.

우리는 다른 사람들과 '틀릴' 필요는 없지만 '다를' 필요가 있다. 그것은 '자기만의 개성이 필요하다'는 뜻이기도 하다. 모쪼록 생각의 폭을 넓게 갖고, 생각을 즐겨라. 그러면 남들과 다른 많은 아이디어를 갖게 될 것이다.

스피치를 할 때도 마찬가지다. 나만의 틀 속에서 이야기를 하면 그 틀 속에서 생각이 고정된다. 하지만 생각을 전환하면 그 틀도 바뀌고, 자연스럽게 더 많은 이야기가 생겨난다는 걸 잊지 말자.

3. 나를 알고 상대를 알자

사람들은 대부분 자신이 알고 있는 것을 활용해 스피치를 하는 것에 대해 어려움을 느끼는 것 같다. 수업을 진행하면서 느낀 것 중에 하나가 바로 사람들은 자신이 알고 있는 게 많지 않다는 편견을 가지고 있다는 점이다.

하지만 중요한 것은 나에게 많은 지식이 있느냐 없느냐 하는 것이 아니다. 내가 알고 있는 것을 이용해 어떻게 내 생각을 잘 전달하느냐가 중요하다. 스피치 주제를 선택할 때도 많은 고민을 하며 시간을 보내는 사람이 많다. 하지만 나를 안다는 것은 내가 상대에게 해줄 수 있는 이야기의 질이나 양만을 뜻하는 것이 아니다. 나를 안다는 것은 자신이 이야기하고자 하는 것이 구성한 원고에 잘 정리되어 있는가, 자신의 의도를 잘 전달하고 있는가, 청중의 피드백을 잘 이해하고 있는가, 상황에 맞는 스피치를 하고 있는가, 상대를 잘 배려하고 있는가, 상대의 이야기를 잘 듣고 있는가 등등 스피치 능력을 말하는 것이다. 많이 알고 있는 것과 내가 알고 있는 것을 잘 전달하는 것은 분명 다른 문제라는 얘기다.

자신을 알게 되면 스피치 능력을 향상시킬 수 있고, 효과적인 스피치를 하는 데 도움이 된다. 이렇게 나 자신을 안 다음 상대를 알게 되면 어떻게 스피치를 해야 하는지 쉽게 접근할 수 있다. 그렇다면 상대에 대해서는 무엇을 알아야 할까? 그건 바로 왜 나의 이야기를 들으려 하는가, 나에게 어떤 이야기를 듣고 싶어 하는가, 상대의 대화 스타일은 어떠한가 등이다 이 정도만 알 수 있다면 상대에게 정보를 전달하거나 설득을 할 때 더욱 효과적으로 접근 할 수 있을 것이다.

자신을 알고 상대를 아는 것은 원활하고 효과적으로 소통을 위해서 반드시 필요하다. 자신뿐 아니라 상대도 모르고, 자신은 알되 상대를 모르고, 자신은 모르고 상대만 안다면 효과적인 소통을 기대할 수가 없다. 전략적 스피치는 비즈니스 관계에서는 필수적인 소통의 기술이라는 것을 잊지 말라.

자신이 하고 있는 이야기를 들어라

기본에 충실한 교육이 1차라면 2차는 연습이고 3차는 교정이다. 그래서 1차와 2차의 교육과정에 3차의 교정 과정을 접목한 12주의 클리닉 과정을 운영하게 된 것이다. 이렇게 12주의 클리닉 과정이 끝나면 화자는 스스로 교정을 할 수 있어야 한다.

필자는 스피치 강의의 방법에 대해 많은 고민을 해왔다. 그리고 마침내 결정한 방법이 '클리닉' 과정이다. 그 이유는 제한된 짧은 시간에 많은 것을 강의 할 수 없을뿐더러 스피치는 듣기만 해서는 결코 늘지 않기 때문이다.

또한 연습만 한다고 해서 되는 것도 아니다. 기본에 충실한 교육이 1차라면 2차는 연습이고 3차는 교정이다. 그래서 1차와 2차의 교육과정에 3차의 교정 과정을 접목한 12주의 클리닉 과정을 운영하게 된 것이다. 이렇게 12주의 클리닉 과정이 끝나면 화자는 스스로 교정을 할 수 있어야 한다.

우리는 보통 자신이 이야기 하는 것을 듣지 않는다. 하지만 나는 클리닉 과정 6주에서 8주 사이부터 화자에게 자신이 하고 있는 이야기를 스스로 들으라고 주문한다. 1주에서 4주까지는 스피치를 잘 하기 위한 기본적인 음성전달과 구성을 연습하고 교정을 한다. 하지만 이 과정이 지나면 화자 자신이 스스로를 교정을 할 수 있도록 말할 때의 음성 변화, 흐름, 강약, 빠르기, 내용 따위를 들어보라고 한다. 이때쯤이면 수강생 대부분은 자기 이야기 중에서 어색하거나 잘못된 부분을 알 수 있게 된다.

물론 수업 초반에는 지적을 많이 한다.

"말을 빨리 하시네요."

"전 빨리 하는 것 같지 않은데요."

이렇게 화자 자신은 느끼지 못하지만 듣는 사람은 느끼고 있는 것을 말해준다. 이런 과정을 통해 스스로 자신의 말을 듣게 되면 자신의 말하는 습관에 대해서도 알게 된다. 필자의 경험상, 이때가 교정이 가장 잘되는 시기인 것 같다.

스피치는 말하는 사람이 중심이 아니라 듣는 사람이 중심이 되어야 한다. 그래서 청중을 분석하고 그에 따른 자료를 준비해 연습하는 것이다. 하지만 자신의 스피치 습관을 모른다면 말하고자 하는 바를 효과적으로 전달할 수 없다. 자신의 습관적인 말투, 스피치에 방해되는 잡음(어~, 음~) 따위를 개선해야 하고, 상황에 맞게 음성이 제대로 전달되고 있는지도 알아야 한다. 이렇게 하기 위해서는 나 자신의 소리를 들을 수 있어야 하고, 그에 따른 교정이 반드시 필요하다.

물론 수십 년 동안 이어진 습관이 하루아침에 바뀔 수는 없다. 하지만 스피치를 하면서 일어나는 문제를 교정하지 않고 그대로 방치하면 훌륭한 스피치는 요원할 뿐이다. 교정을 통해 더 좋은 스피치를 할 수 있다는 자신감을 갖도록 하자.

스피치의 교정은 자기 자신에 대한 관심으로부터 시작된다. 대부분의 수강생들은 이러한 과정을 통해 많은 발전을 했다. 필자가 강의를 잘해서가 아니라 수강생 자신이 관심을 가지고 자신을 교정해보겠다는 노력이 있었기 때문이다.

1. 자신이 만족하지 못하면 청중도 만족하지 못한다

필자가 스피치를 전공하면서 얻은 교훈이 여럿 있는데, 그 중 하나가 자신이 만족하지 못하면 청중도 만족하지 못한다는 것이다.

대중 스피치 수업 시간에는 스피치 작성을 많이 하고 발표도 많이 한다. 처음에 나는 내 생각을 전달하는 데에만 급급했다. 하지만 이런 스피치는 청중의 반응도 그리 좋지 않고, 나의 재치 있는 한마디 말도 그냥 웃음을 주거나 시선을 끌 수 있는 것에 지나지 않았다. 그러다 점점 '전략'이라는 큰 틀을 놓고 스피치를 생각하게 되었다. '주의 끌기' 하나를 생각할 때도 내가 만족해야 하고, 본론에서도 구성이 탄탄해야 나 스스로가 만족하는 좋은 스피치를 할 수 있다는 것을 깨닫게 된 것이다.

필자는 강의를 하면서 수강생들에게 이런 질문을 자주 한다.

"주의 끌기는 만족하십니까?"

"자신의 생각을 정리하신 것에 만족하세요?"

여기서 중요한 것은 누구도 만족하지 못한다는 점이다. 그래서 나는 강의 후반이 되면 자기 이야기에 귀를 기울이게 하고 자신이 만족 할 수 있는 스피치를 준비할 수 있도록 요구 한다. 그것은 의지와 노력만 있으면 얼마든지 가능하다.

처음 구성 수업에 들어가면 수강생들은 막연히 써야 한다는 생각이나 글을 잘 쓰는 것에 대한 강박감 때문에 좋은 원고를 쓰지 못한다. 개중엔 잘 잘 쓰는 분들도 있지만, 대부분 교정을 보아야 한다. 또한 원고를 쓰는 데에만 신경을 쓰지 자신의 글에 만족하는 분들이 극히 드물다.

나는 강의를 하면서 단계별 성과를 중요하게 생각한다. 구체적으로 말하면 음성의 전달, 구성, 낭독 스피치, 불완전 즉흥 스피치, 정보 전달, 상황에 따른 스피치, 즉흥 스피치, 설득 스피치 등의 단계별 성과를 들 수 있다. 하지만 무엇보다 만족도가 자신감을 주는 가장 중요한 요소라는 것을 알기에 수강생 자신이 만족할 수 있는 스피치를 하도록 요구한다. 물론 기본 과정에서는 쉽지 않은 일이다. 그러나 그런 노력을 하며 스피치를 준비한다는 것이 얼마나 중요한 알인지를 꼭 알려주고 싶다.

자신도 스스로 만족하지 못한 상태에서 이루어진 성공은 잠시 나타난 신기류와 같다. 이것을 잊지 말고 자신이 만족할 수 있는 스피치를 하기 위해 신경 쓰고 노력하라. 그러면 언제 어디서나 좋은 스피치를 할 수 있는 밑거름이 될 것이다.

2. 다양하게 연습하여 실전을 준비하라

스피치를 잘 할 수 있는 방법은 무엇일까? 물론 연습을 통해서 가능하다. 우리는 다양한 상황에서 말을 하게 된다. 새로운 모임에 가면 자기소개를 하고, 단체의 장이 되면 길게는 축사, 격려사, 환영사 등 짧게는 인사말을 하게 된다. 직장인들은 업무보고, 프레젠테이션, 회의 등을 통해서 스피치를 하게 된다. 이렇게 각기 다른 스피치를 하게 되므로, 상황에 따른 스피치를 따로 연습하는 것이 효과적이다.

스피치는 부드럽게 대화하듯이 하는 경우도 있고, 공식적인 억양으로 전달을 잘해야 하는 경우도 있다. 다시 말하면 대화 형식, 연설 형식, 프레젠테이션 형식이냐에 따라 다양한 음성 변화가 필요하다.

나는 수업의 4분1을 음성과 상황에 따른 스피치에 할애한다. 이는 기본적으로 상황에 따른 스피치를 연습해 보다 안정된 스피치를 할 수 있도록 하기 위함이다. 기본을 다지고 다양한 연습을 반복하면 자신의 습관화된 스피치 형태에서 벗어나 상황에 맞는 스피치를 얼마든지 할 수 있다.

10대에서 주로 하는 스피치는 자기소개와 발표 등이고, 20대와 30대는 발표, 프레젠테이션, 토의 등이며 40대를 넘어서면 모임이나 자신의 직위에 맞는 다양한 스피치를 하게 된다. 그래서인지 필자의 수업에 참여하는 분들은 40대와 50대가 대부분이다. 30대 역시 스피치의 중요성을 느낄 만한 연령대이지만 직접 교육에 참여하는 경우는 의외로 40~50대보다 적다. 하지만 연령에 상관없이 스피치의 필요성을 느꼈다면 조금이라도 빨리 부단한 연습을 통해 내 삶에서 일어날 수 있는 다양한 상황의 스피치를 멋지게 해낼 수 있길 바란다.

인간은 사회적 동물이다. 사람들과의 상호 관계 속에서 살아가게 되어 있는 존재인 것이다. 그리고 사회의 일원으로서 그 위치와 비중이 커질수록 대인 관계의 화술, 대중을 상대로 한 스피치를 할 기회가 많아진다. 우리의 인생을 준비하듯이 다양한 스피치를 준비하자. 그리고 실전과 같이 연습하자. 그래야 성공적인 스피치를 할 수 있다.

스피치를 잘 할 수 있는 11가지 연습의 단계

단계별 연습을 지겹게 생각하지 말고 즐겁고 재미있게 했으면 한다. 각 단계별로 연습을 꾸준히 한다면 보다 향상된 자신을 볼 수 있게 될 것이다.

1. 낭독 연습을 많이 해라

직장을 비롯한 사회단체에서 직책이 올라갈수록 스피치를 할 기회가 많아진다. 이때 가장 많이 사용하는 것이 원고를 써서 낭독하는 스피치이다. 스피치는 상황에 따라 음성의 전달이 달라야 한다. 또한 단어가 표현하는 감정이나 강조, 흐름, 상황에 따른 음성의 변화가 각기 다르기 때문에 모든 노래의 음이 다르듯 스피치도 같을 수가 없다.

문학작품은 감정 표현을 연습하기에 안성맞춤이다. 시, 소설, 희곡, 동화, 산문, 수필 등 다양한 분야에 걸쳐 연습을 한다. 문학의 장점은 언어의 표현이 아름답기 때문에 그것을 낭독하는 것은 매우 좋은 훈련 방법이다.

언제 어떤 상황에서 스피치를 하게 될지 모르는 직책에 있는 사람은 항상 스피치를 할 준비가 되어 있어야 한다. 한 번이라도 연습을 해본 것과 그렇지 않은 것에는 큰 차이가 있기 마련이다. 그러므로 다양한 상황을 설정해 꾸준히 연습하면 실전에서 멋진 스피치를 할 수 있을 것이다.

연습을 할 때는 전하고자 하는 의미를 잘 표현할 수 있도록 해야 하며 음성의 고저, 강약, 속도, 흐름에 신경을 써야 한다. 특히 '멈춤의 미학'을 잊지 말아야 한다. '멈춤' 만으로도 음의 흐름을 조절할 수 있고, 여유 있는 스피치를 만들어낼 수 있다. 여기서 잡음이란 "어~.", "음~." 따위의 필요 없는 단어를 말한다. 이러한 잡음은 스피치의 흐름을 방해하고 청중들에겐 경청을 방해하는 요인이 된다. 낭독 연습은 실전에 앞서 적어도 10일 정도 시간에 상관없이 꾸준히 하는 것이 좋다. 단 10분을 하더라도 음성의 전달에 많은 신경을 쓰도록 하라. 그리고 다시 한 번 강조하지만, 멈춤의 미학을 잊지 마라!

2. 직접 구성한 후 원고를 작성해 보라

스피치의 구성은 화자를 목적지로 인도하는 가이드라고 할 수 있다. 주의 끌기, 서론, 본론, 결론의 순서대로 구성을 하여 원고를 직접 써 보도록 하라. 귀찮다고 중도에 포기 하면 하지 않느니만 못하다. 원고를 작성할 때는 구어체로 써야 한다. 그러다보면 자신의 언어 스타일이나 스피치 스타일을 확인할 수 있기 때문에 다양한 상황을 설정해서 써보는 것이 바람직하다. 그리고 만족할 만한 결과를 얻을 때까지 반복해서 써야 한다.

말은 입에서 나오면 그만이다. 하지만 글은 다르다. 고치고 다시 쓰고, 쓰고 다시 고칠 수 있다. 사신이 만족할 만한 결과를 얻을 때까지 얼마든지 수정할 수 있다는 얘기다. 화자 자신이 만족하지 못하는 스피치는 청중도 만족하지 못한다는 사실을 잊지 말라.

우리가 편지를 어떻게 쓰는지 생각해보자. 슬픈 내용을 쓸 때는 자신도 모르게 마음이 찡하고, 재미있는 이야기를 쓸 때는 자신도 모르게 웃음이 난다. 스피치도 만찬가지다. '주의 끌기'를 할 때 화자 자신이 재미있게 느낀다면 청중도 재미있게 느낄 가능성이 높다. 또 화자 자신이 이미 그런 느낌을 받았으므로 그렇지 않을 때보다 감정의 표현이나 음성의 전달을 잘 할 수 있기 때문이다.

길을 헤매지 않기 위해 그리는 것이 지도는 . 귀찮다고 대충 그려서는 안 된다. 노력 없이 이루어지는 성공은 없다. 성공은 노력에 대한 대가이다.

3. 주의 끌기를 연습하라

누구나 사람들 앞에 나서면 어떻게 이야기를 시작해야 할지 몰라 많은 고민을 하게 된다. 하지만 '시작이 반'이라고 했다. 스피치는 시작을 잘 하면 무난히 마칠 수 있다. 그 이유는 어떤 이야기를 하든, 지식이 있고 없고를 떠나 자신이 할 수 있는 이야기는 이미 정해져 있기 때문이다. 그래서 시작을 잘 하면 그렇지 않을 때 보다 더 편하게 스피치를 할 수 있다.

'주의 끌기'는 시작부터 청중에게 흥미와 관심을 제공할 수 있다. 또한 재미있는 이야기로 청중을 웃게 함으로써 화자 자신의 긴장감을 풀고 불안감을 줄일 수 있는 장점도 있다.

'주의 끌기'에 대해 강의를 하다보면, 대부분의 수강생들은 가장 쉽게 할 수 있는 질문을 많이 선택한다. 다음이 자신의 경험에서 '주의 끌기'를 만들어 내고, 그다음 단계가 흥미 있는 아이디어를 개발하려고 애쓴다. 필자는 이것을 아주 바람직한 발전 단계라고 생각한다.

'주의 끌기'는 주제와 관련해 순서를 정하고 다양하게 연습하는 것도 좋지만, 거꾸로 '주의 끌기'를 먼저 만들고 나서 그에 알맞은 주제를 찾는 것도 좋은 방법이다. 필자의 수업에서는 스피치의 기본 과정이 끝나면 유머를 활용할 수 있는 주제를 골라 스피치를 하게 한다. 그러면 성공적인 '주위 끌기' 덕분에 청중의 반응이 좋아지고, 기본 과정에서 스피치를 할 때 보다 훌륭한 결과를 얻을 수 있고, 자신감도 많이 생기게 된다. 이렇게 역으로 '주의 끌기'를 준비한 후 주제를 만들어 스피치를 해보는 것도 효과적인 연습방법이다.

4. 불완전 즉흥 스피치를 연습하라

불완전 즉흥 스피치는 자신이 이야기하고자 하는 내용을 간략하게 구성해서 말하는 것이다. 말하자면, 간단한 개요를 만들고 자신이 꼭 해야 할 이야기를 적어둔 다음, 다음 순서로 넘어 갈 때마다 전달할 내용을 보면서 스피치를 하는 것이다.

이것은 스피치를 전달하는 가장 좋은 방법이다. 어려운 외래어나 꼭 전달해야 할 내용을 적어두기 때문에 그 단어나 내용을 잊지 않아 좋을뿐더러 스피치를 할 때 무언가가 나와 함께한다는 심리적 안정감을 가질 수도 있다.

강의를 하다보면 수강생들의 실력이 가장 많이 늘 때가 바로 '불완전 즉흥 스피치' 과정인 것 같다. 낭독이 어느 정도 잘되면 '불완전 즉흥 스피치'에 많은 시간을 투자하는 것이 좋다. 그러면 자연스럽고 편인힌 스피치를 할 수 있게 될 것이다. 이때도 물론 시선 처리와 얼굴 표정, 음성 전달에 신경을 쓰며 실전과 같이 연습해야 한다.

5. 다양한 주제를 선택해 연습하라

다양한 주제를 가지고 '불완전 즉흥 스피치'를 연습해보도록 하자. 동시에 낭독 스피치도 조금씩 연습한다면 더욱 더 좋다. 스피치도 습관이 되어야 한다. 처음에는 자신의 직업, 취미, 관심사부터 시작해 차츰 시사적인 문제에서 약간 전문적인 주제를 선택하여 연습하라.

스피치는 무엇보다 다양하게 연습하는 것이 좋다. 어려운 주제를 선택했을 때는 전문적인 지식이 없다 해도 자신이 알고 있는 범위 안에서 최대한 간단하고 명확하게 전달하는 것이 좋다.

흔히 모르는 주제에 대해서는 긴장을 하게 되고 무슨 말을 해야 할지 몰라 아무 생각도 나지 않는다고 한다. 하지만 아무리 어려운 주제라 해도 자신이 이야기할 수 있는 '거리'는 있게 마련이다. 그 이야깃거리만으로도 멋지게 스피치를 할 수 있으니. 잘 하겠다는 욕심을 버리고 자신이 아는 범위 안에서 멋지고 깔끔한 스피치를 하도록 해보자.

6. 완전즉흥 스피치를 연습하라

'완전 즉흥 스피치'는 필자가 운영하는 강의의 기본과정에서 클라이맥스라고 할 수 있다. '완전 즉흥 스피치'는 어떤 상황에서든 자신 있게 스피치를 할 수 있도록 해준다. '완전 즉흥 스피치'를 잘 하는 방법은 이야기할 내용의 순서를 정하는 것이다. 순서를 정하는 것이 간단하다고 생각할지 모르겠지만, 이는 많은 연습을 통해 습득할 수 있는 기술이다.

'완전 즉흥 스피치'를 잘하려면 '주의 끌기'와 본론의 내용에 순서를 정해줘야 한다. 이야기 할 내용은 이미 머릿속에 모두 있다. 단지 그것을 즉흥적으로 얼마나 많이, 잘 뽑아내는지가 관건이다. 따라서 화자는 청중이 자신의 이야기를 들을 수 있도록, 또는 관심을 갖도록 '주의 끌기'를 어떻게 할지 항상 준비가 되어 있어야 한다.

서론은 이야기를 하는 목적이나 배경을 설명하는 부분이므로 복잡하게 말할 필요가 없다. 다만 어떤 주제에 대해 발표하겠다는 말만으로도 충분하다.

본론은 자신이 이야기하고자 하는 내용의 순서를 첫째, 둘째, 셋째 등으로 정해 주면 된다.

마지막으로 결론은 본론을 간략하게 정리하는 것으로 마무리한다.

결국 '완전 즉흥 스피치'에서 화자가 준비해야 할 것은 '주의 끌기'를 무엇으로 할지 신덕하고 본론의 순서를 정하는 것뿐이다.

'완전 즉흥 스피치'의 본론을 연습할 때는 그 순서를 한가지나 두 가지 정도로 나눈 후 차츰 늘려나가는 것이 좋다. 필자의 수강생들은 대부분 '불완전 즉흥 스피치'를 잘하다가도 '완전 즉흥 스피치'를 할 때는 많이 힘들어한다. 하지만 충분히 좋은 성과를 얻을 수 있으니 꾸준히 연습해주길 바란다.

7. 자신의 소리를 꾸준히 듣고 스스로 교정하라

연습을 충분히 했으면 자기 스스로 교정을 볼 수 있어야 한다. 자신의 소리를 들으면서 음성의 전달은 잘되고 있는지, 자신이 이야기하는 내용을 스스로 들을 수 있도록 있어야 하는 것이다. 스스로 교정할 수 만 있다면 스피치에 어느 정도 익숙해져 있다고 봐도 좋다.

필자는 스피치를 시작할 때 기본적인 음성 전달에 충실 하도록 한 후 교정을 실시한다. 하지만 어느 정도 시간이 지나면 자신만의 스피치 스타일을 살려서 자연스럽게 스피치를 하도록 권하고 있다. 수십 년 동안 익숙해진 습관을 없애는 건 쉽지 않다. 때문에 기본 과정을 통해 어느 정도 잘못된 습관이 교정되면 자신만의 스타일에 맞춰 상황에 따른 스피치를 알맞게 전달 할 수 있어야 한다. 어느 정도의 수준이 되면 잘못된 점이 무엇인지 알게 되기 때문에 자신의 소리를 들으며 스스로 교정을 할 수 가 있다.

화자가 어떤 이야기를 해야 하는지에 신경을 쓰게 되면 자신의 소리를 듣기가 힘들다. 즉흥스피치에 익숙하지 못하다면 낭독을 통해서라도 자신의 소리를 들으며 연습하도록 하자. 음성의 전달은 잘되고 있는지, 내용의 전달은 잘되고 있는지 스스로 확인해 가며, 천천히 연습하라. 이렇게 자신의 소리를 들을 수 있도록 노력하다 보면 스스로 해답을 찾게 될 것이다.

8. 질문과 답변을 통해 즉흥 스피치를 연습해라

필자는 강의 후반부를 시작할 때쯤 질문과 답변을 통해 즉흥 스피치를 연습하게 한다. 한 명이 앞으로 나와 다른 사람의 질문에 답을 하는 방식이다. 마치 인터뷰를 하듯이 꼬리에 꼬리를 무는 질문을 받으면 진땀이 날 수도 있지만, 재미있게 즐기다보면 커다란 효과를 얻을 수 있다. 그러므로 동료 또는 가족과 함께 꾸준히 연습하라.

흥미 있는 질문엔 흥미 있는 답변이 나온다. 처음엔 답변하는 사람이 알고 있는 분야에 대해 질문하는 것이 좋다. 직업과 관련된 질문이나 취미 등에서 시작해 시사적인 문제까지 확장할 수도 있다.

답변뿐 아니라 질문하는 연습을 해보는 것도 좋다. 학교 다닐 때 질문 한 번 못해보고 졸업 하는 사람도 꽤 있으니까 말이다.

이렇게 다양한 질의와 문답을 통해 즉흥 스피치를 연습하게 되면 어려운 상황을 재치 있게 넘기는 방법을 스스로 깨닫고, 즉흥 스피치에 자신감을 얻을 수 있을 것이다.

9. 보조 도구를 사용해 스피치를 연습하라

요즘 학생이나 직장인 할 것 없이 프로젝터를 사용해 발표하는 경우가 많다. 이처럼 프로젝터를 사용해 스피치를 연습하는 것도 좋지만, 그 외에 다양한 보조 도구를 사용해 익숙해질 때까지 연습하는 것이 가장 좋은 방법이다.

대부분은 원고만 보면서 연습을 하는 것이 일반적이지만, 발표 내용과 관련된 보조 도구를 사용하게 되면 자신감도 생길뿐더러 그 외에 여러 가지 장점이 있다. 보조 도구를 사용한 연습 또한 실전과 같이 해야 하며, 적어도 3회 이상 반복하는 것이 좋다.

필자가 대학에서 공부할 때는 발표할 내용을 복사해 나눠주거나 전지에 글을 써서 붙여놓곤 했다. 요즘은 파워 포인트로 작업을 하고 프로젝터를 사용해 프레젠테이션을 하는 것이 보편화 되어 학생들에게는 익숙할 것이라고 본다. 하지만 프레지(Prezi)와 같이 새로운 프리젠테이션 도구는 사용 시 익숙해질 때까지 연습을 하는 것이 좋다. 아무리 좋은 보조 도구라도 그걸 사용하는 데 익숙하지 않으면 사용 안 하느니만 못하다는 것을 잊지 말자.

10. 경매를 통해 설득 스피치를 연습하라

사실, 일반인들은 일상생활을 하면서 설득 스피치를 하는 경우가 극히 드물다. 하지만 물건을 팔거나, 용돈을 올려 받거나, 부탁을 하거나, 무언가를 얻으려면 상대방을 설득하는 것이 필요하다.

필자는 기본 과정에서 수강생들에게 연설과 같은 설득 스피치를 요구하지 않는다. 대신 짧은 스피치를 연습함으로서 설득하는 방법을 배우게 한다. 말은 많이 한다고 해서 설득에 성공하는 것은 아니다. 아무리 말을 많이 해도 그중에 상대를 움직일 수 있는 요소가 없다면 아무런 소용이 없는 것이다.

부모는 자녀의 미래에 많은 관심을 가지고 있으며 자녀를 바른 길로 안내하는 역할을 한다. 하지만 많은 이야기를 한다고 해서 자녀가 부모가 원하는 그 길을 가는 것은 아니다. 이때는 자녀의 마음을 바꿀 수 있는 설득력 강한 어떤 한마디의 말이 필요하다. 물론 결코 쉬운 일은 아니지만 말이다.

필자는 설득 스피치를 연습할 때 경매 방식을 사용하게 한다. 자신에게 더 이상 필요가 없지만 다른 사람이 유용하게 쓸 수 있는 물건을 가지고 오게 한 다음 그것을 경매에 붙이는 것이다. 이때 파는 사람은 물건에 대한 정보를 먼저 스피치하고 경매에 붙이게 된다. 그리고 최저 가격에서 시작해 중간 중간 구매자를 설득할 수 있는 기회를 준다. 필자는 이 과정에서 3가지 관점을 유지하라고 권한다.

첫째, 가치를 높여라. 이는 자신이 경매에 내놓은 물건의 가치를 높이는 것이다. 내가 가치 있게 생각해야 다른 사람도 그 가치를 인정한다. 열 명의 청중이 경매에 참여 했다고 치자. 그중 두 명이 그 물건에 관심을 가졌다면, 판매자는 그 물건의 가치를 높여 더욱 좋은 가격을 받아내야 한다. 그 가치를 인정하는 사람만이 그 물건을 살 것이다. 따라서 둘의 경쟁을 부추길 수 있는 가치를 제공하는 것이 무엇보다 중요하다.

둘째, 정보는 짧고 강하게 말하라. 설득은 많은 말을 한다고 해서 가능한 것이 아니다. 구매자에게 이익이 되는, 물건을 사고 싶게 하는 핵심적인 말이 필요하다.

셋째, 자극을 주어라. 그 물건에 대해 필요성을 느낀 사람은 다른 구매 예상자와 경쟁 관계에 있다. 그러므로 서로에게 그 물건을 사지 않으면 후회할 수 있다는 자극을 주고, 그 물건을 사게 될 경우의 이점을 부각시켜야 한다.

다시 한 번 말하지만, 설득은 많은 말을 해야만 가능한 것이 아니다. 여러분은 자신이 걱정했던 것보다 쉽게 상대를 설득해본 경험이 있을 것이다. 이는 우연이라기보다 상대가 원하는 핵심을 자신도 모르게 짚어주었기 때문이다. 상대의 마음을 잘 읽을 수 있다면 설득은 그만큼 쉬워진다. 그러므로 상대의 반응, 질문, 태도 등을 토대로 재빨리 상대의 마음을 읽을 수 있도록 노력하는 자세가 필요하다.

11. 다양한 상황을 설정해 스피치를 연습하라

앞에서도 이야기했지만 우리는 다양한 상황 속에서 스피치 하게 된다. 지금까지 소개한 10단계의 연습 과정은 상황에 따라 스피치를 하는 데 많은 도움을 줄 것이다. 여기에 항상 새로운 것을 만들어낸다는 생각으로 스피치를 준비하면 금상첨화다.

자신의 풍부한 경험을 잘 활용한다면 '주의 끌기'나 본론에서 청중의 관심과 흥미를 끄는데 큰 도움이 될 것이다. 스피치를 즐기면 그것 자체가 재미있고, 하면 할수록 매력을 느낀다. 바로 이런 매력을 느끼기 때문에 필자 또한 스피치를 공부하면서 여기까지 오지 않았나 싶다.

필자는 기본 과정에서는 스피치에 익숙해지도록 초점을 맞추고, 연구자 과정에 들어서면 원고 없이 자유롭게 스피치를 할 수 있도록 신경을 쓰고 있다. 또한 나름대로 전략을 세워 자신이 원하는 방향으로 스피치가 이루어지는지 확인하고, 청중의 피드백을 느껴보도록 요구한다.

모든 일이 그렇듯, 한 번도 해보지 못한 것은 그걸 시도하는 것조차 어렵고, 한 번이라도 해본 것은 몇 번이고 계속해서 쉽게 해

낼 수 있는 법이다. 자신감은 그것에 익숙해지면 자연스럽게 생겨난다. 그러므로 다양한 스피치를 연습해 실전을 준비하다보면 보다 편하게 스피치를 할 수 있게 될 것이다.

성공을 하는 사람의 "힘" 대중 스피치

스피치를 잘하려면 관심과 연습이 필요하다. 거저 얻어지는 것은 없다. 즐기면서 그 과정을 만들어 가는 것이 무엇보다 중요하다. 대중 앞에서 하는 스피치는 한번 연습에 10퍼센트의 성공 확률이 있다고 볼 수 있다. 따라서 열 번 연습하면 100퍼센트의 성공이 보장된다.

누구나 성공을 원한다. 그러나 성공은 그리 쉽게 이룰 수 있는 것이 아니다. 혹자는 말을 못해도 얼마든지 성공을 할 수 있다고 한다. 하지만 필자는 이렇게 말하고 싶다. 만약 말을 못하면서도 성공을 했다면, 말을 잘했을 경우 더 큰 성공을 거두었을 거라고.

서비스 산업 및 환대산업의 발전과 함께 의사소통 능력 및 대인관계능력의 중요성이 부각되어지고 이러한 능력은 고객의 만족도와 신뢰, 재방문 의도, 기업의 이미지에 많은 영향을 주고 있다. 우리는 경쟁하지 않고는 세상을 살아갈 수 없다. 다시 말하면, 일만 잘한다고 해서 성공하는 시대가 아니라는 것이다. 이제는 대기업만이 서비스 산업의 중심에 선 것이 아니다. 중소기업 및 소상공인, 전문직 등 고객을 상대로 한 모든 산업은 고객 만족서비스로부터 자유로울 수 없다. 이러한 서비스 능력의 향상은 서비스의 자세, 태도, 서비스 전달 능력 등 다양한 교육이 필요하며, 의사소통 및 대인관계능력은 가장 기초적 직업능력으로서 함양해야할 교육이다.

요즘 대학에서는 취업에 필요한 이미지 메이킹, 면접, 프레젠테이션, 논술 등 많은 교육 서비스를 제공하고 있다. 그에 비해 40~50대의 경우는 학교가 아닌 학원에서 웅변을 배우며 자란 세대이다. 돈이 없거나 관심이 없던 사람은 그것조차도 배우지 못한 경우가 많이 있다. 교육이 우리가 삶을 살아가는데 필요한 기본적인 소양을 쌓아가는 과정이라면, 스피치는 우리에게 그 어떤 것보다도 필요한 교육일 것이다.

취업을 준비하는 4년제 대학생들은 NCS(국가직무능력표준) 직업기초능력의 의사소통능력, 수리능력, 문제해결능력, 조직이해능력, 자원관리능력, 대인관계능력, 자기개발능력, 직업윤리 등의 평가시험을 준비하고 있다. 또한 2, 3년제 대학에서는 직업기초능력을 학과의 특성에 맞추어 학생들이 수강할 수 있도록 교양과목으로 열고 있다. 이렇듯 의사소통이나 대인관계는 직장생활에서 상호간의 관계를 형성하고 발전시킬 수 있는 매우 중요한 능력이라는 것을 알 수 있다.

대학을 졸업하면 대인관계를 중심으로 한 상호간의 대화, 토

303

의, 토론의 중요성을 다시 한 번 인식하게 된다. 또한 프레젠테이션, 상담, 서비스 화법 등이나 전문성을 요하는 스피치, 연설, 행사의 사회, 사회생활을 하면서 하게 되는 축사, 환영사, 인사말, 송년사, 소개 스피치 등 다양한 상황에서 스피치를 경험하게 된다.

그렇다면 이런 모든 상황에서 말을 잘하면 누구나 성공할 수 있을까? 단언하건대, 말을 잘한다고 해서 모두가 성공할 수는 없다. 말을 질하는 것 외에도 성공에 필요한 요소들은 많이 있기 때문이다. 하지만 성공하는 사람에게 대중 스피치는 떨어지려고 해도 떨어질 수 없는 사이이며, 성공을 하면 할수록 더욱 가까워 질 수밖에 없는 사이라는 것이다.

말은 상호간의 관계 및 대화를 이끌어가는 도구로서 중요한 역할을 하며, 그러한 수단을 잘 사용하는 것이야 말로 성공의 요건이다. 따라서 성공을 하려면 상대를 배려하고, 자신의 생각을 조리 있게 전달하고, 상대의 생각을 이해하고, 상대와 원활한 소통을 할 수 있는 능력을 키우는 것이 중요하다.

상대가 원하는 답은 대화 속에 있다. 물론 상대를 속이거나 왜곡된 형태의 비즈니스 관계라면 얘기가 다르다. 이때는 진실이나 신뢰가 배제되기 때문에 진실한 소통이 불가능하다. 하지만 정상적인 비즈니스 관계에서는 신뢰를 바탕으로 한 소통이 이루어지고, 대화를 통해 성공의 열쇠를 찾아낼 수 있다. 이처럼 서로의 신뢰와 진실이 만날 때, 우리는 그 인간관계를 성공적이라고 말할 수 있을 것이다.

누구에게나 성공에 대한 고유의 척도가 있을 것이다. 그리고 그 성공에 맞춰 자신의 직위와 위치가 상승하고, 그에 따라 다양한 상황에서 스피치를 하게 된다. 스피치에 불안감을 느끼는 분들은 이러한 자리 자체가 굉장히 부담스럽고, 자신감을 떨어뜨리는 요인이 되기도 한다. 하지만 성공하려면 그 단계에서 자신이 할 수 있는 최고의 능력을 발휘 할 수 있어야 하며, 그 위치에 맞는 스피치 역량 또한 남달라야 할 것이다.

스피치를 잘하려면 관심과 연습이 필요하다. 거저 얻어지는 것은 없다. 그렇다고 엄청난 노력이 필요한 것은 아니다. 관심은 즐기는 것이고, 연습은 성공의 과정이다. 즐기면서 그 과정을 만들어 가는 것이 무엇보다 중요하다. 대중 앞에서 하는 스피치는 한 번 연습에 10퍼센트의 성공 확률이 있다고 볼 수 있다. 따라서 열 번 연습하면 100퍼센트의 성공이 보장된다.

상대의 이야기에 귀를 기울이고 이해, 배려, 이익을 주고자 하는 마음으로 관심을 가지고 소통하자. 그러면 성공이 보일 것이다.

참고문헌

Successful Public Speaking by Cheryl Hamilton

1996 by Wadsworth Publishing Company. A Division of International Thomson Publishing Inc.

Public Speaking : An Experiential Approach by Dona Ulloth, Richard Alderfer

1998 by Wadsworth Publishing Company. A Division of International Thomson Publishing Inc.